Dez histórias de vida, sofrimento e amor

Transmissão da Psicanálise
diretor: Marco Antonio Coutinho Jorge

J.-D. Nasio

Dez histórias de vida, sofrimento e amor

Tradução:
Eliana Aguiar

Copyright © 2023 by Éditions Gallimard/France Inter

Grafia atualizada segundo o Acordo Ortográfico da Língua Portuguesa de 1990, que entrou em vigor no Brasil em 2009.

Título original
Dix histoires de vie, de souffrance et d'amour

Capa
Bloco Gráfico

Imagem de capa
Sem título, de David Galasse, 2017. Risografia sobre papel, 14,8 × 21 cm.

Imagens de miolo
p. 89: Michèle Brabo/Opale Photo/Fotoarena
p. 128: Wikimedia Commons
p. 129: *Cabeça VI*, 1949, de Francis Bacon. Óleo sobre tela, 91,4 × 76,2 cm. CR número 49-07. © Herdeiros de Francis Bacon. Todos os direitos reservados. AUTVIS, Brasil/DACS, Londres 2024.
Reprodução: Bridgeman Images/Easy Mediabank.

Preparação
Mabel Boechat Telles

Revisão técnica
Marco Antonio Coutinho Jorge

Revisão
Adriana Bairrada
Aminah Haman

Dados Internacionais de Catalogação na Publicação (CIP)
(Câmara Brasileira do Livro, SP, Brasil)

Nasio, Juan-David
    Dez histórias de vida, sofrimento e amor / J.-D. Nasio ; tradução Eliana Aguiar. — 1ª ed. — Rio de Janeiro : Zahar, 2025.

    Título original : Dix histoires de vie, de souffrance et d'amour.
    ISBN 978-65-5979-208-5

    1. Prática psicanalítica 2. Relatos pessoais I. Título.

24-228500   CDD-150.195092

Índice para catálogo sistemático:
1. Prática psicanalítica : Relatos : Psicanálise   150.195092

Cibele Maria Dias – Bibliotecária – CRB-8/9427

Todos os direitos desta edição reservados à
EDITORA SCHWARCZ S.A.
Praça Floriano, 19, sala 3001 — Cinelândia
20031-050 — Rio de Janeiro — RJ
Telefone: (21) 3993-7510
www.companhiadasletras.com.br
www.blogdacompanhia.com.br
facebook.com/editorazahar
instagram.com/editorazahar
x.com/editorazahar

Estão reunidas aqui dez histórias, trágicas e tocantes, de pacientes que encontraram um desfecho feliz para o qual pude contribuir. Narrei essas histórias na rede radiofônica France Inter, programa *L'Inconscient*, temporada 2022-23. Hoje, tenho o prazer de dividi-las e revivê-las com você. Entretanto, este livro só concordará em falar com você no momento em que o abrir. Esta alegoria de um livro que só existe quando o abrimos faz pensar nos versos mágicos de Paul Valéry gravados no frontão do palácio de Chaillot, em Paris. Se, parafraseando o poeta, nosso livro pudesse falar, eis o que ele diria:

Depende de quem me abre,
que eu seja tumba ou tesouro,
se falo ou se me calo
só depende de ti, leitor,
não entres, portanto, sem desejo.

As histórias que você lerá a seguir são de antigos pacientes que, ao chegar ao fim de sua análise, me autorizaram a falar sobre nosso encontro, ocultando seus nomes e todos os detalhes que pudessem identificá-los.

Sumário

Mathieu e Inês, duas histórias de fobia 11

Ângela, a jovem anoréxica 23

"É monstruoso! Sou uma mãe que deseja matar o filho" 35

Lúcia e os quarenta termômetros: A neurose 43

O buquê do amor, ou O amor no casal 57

"Meu bebê morreu!" 67

O segredo de Dolto: "Querida Houda, não sei mais
o que dizer para te ajudar!" 77

Isabelle, William e a repetição trágica de um passado
doloroso 91

Ágatha, Kevin e o doutor das tristezas 101

A louca obsessão de Francis Bacon por um quadro
de Velázquez 115

Agradecimentos 131

Mathieu e Inês, duas histórias de fobia

AO ESCREVER ESTE LIVRO, converso o tempo todo com você. Em cada página, você que me lê está ali como um fogo interior. Tenho mil coisas a lhe dizer. Neste primeiro relato, quero apresentar o local onde recebo meus pacientes e contar como trabalho concretamente como psicanalista. Tomarei o exemplo de Mathieu, um menino que entra em pânico quando tem que ir para a escola, problema especialmente dramático para uma criança, que corre o risco de dessocializar-se. Em seguida, contarei o caso de Inês, uma jovem mulher que também sofre de pânico quando precisa ir à rua ou misturar-se à multidão, problema igualmente invalidante para levar uma vida normal. Encerrarei lembrando que o mais importante para mim, psicanalista, é não somente que meu paciente sofra menos, mas que seja capaz de dizer: "Estou feliz com a vida que tive, pois, além dos sofrimentos e alegrias que me moldaram, foi ela que me fez ser o que sou hoje".

Começo, portanto, evocando meu local de trabalho. É um lugar que parece comigo, é um prolongamento de mim mesmo e é também o jardim do inconsciente daqueles que vêm falar comigo regularmente. Desejo que meu paciente se sinta bem e que ele se abra o mais intimamente possível. É uma sala ampla, com muito espaço, banhada de luz, de paredes creme, lareira de mármore travertino e, no chão, um carpete salmão, uniforme e macio. Ao entrar, percebe-se imediatamente o ambiente caloroso, em tons amarelos e alaranjados. Sob toda a extensão das janelas envidraçadas, vê-se uma imensa mesa coberta de sol na qual escrevo o relato que você está lendo agora. Embaixo dela, encaixa-se uma mesinha pequena, de rodinhas, destinada às crianças. E, pendurada na parede, acima do divã revela-se a reprodução de um quadro de Bruegel, *Festa na aldeia*, fervilhante de vida, enquanto na parede em frente vê-se a cópia de uma tela de Rothko, nas cores amarelo e lilás. É assim que eu gosto do lugar onde trabalho. Certos colegas, ao contrário, preferem a austeridade de uma sala à meia-luz, de tintas escuras, cercada de livros. A cada um o espaço mais favorável à sua abertura para o outro.

Além de duas poltronas, uma em frente à outra, temos o divã, e gostaria de dizer duas palavras a respeito dele. O divã, apesar de sua inegável utilidade, é considerado equivocadamente como o símbolo da psicanálise. Um clichê que dá a entender que não existiria psicanálise sem divã. É um erro, pois é possível conduzir uma excelente psicanálise sem usá-lo. Muitas vezes, levei um tratamento a bom termo com meu analisando sentado diante de mim; já me aconteceu de fazer uma sessão caminhando com meu paciente ao longo do cais do Sena, pois naquele dia seria impossível falar por causa do barulho ensurdecedor de uma britadeira bem na frente da minha janela.

A respeito dos encontros fora do consultório, jamais esquecerei uma sessão surpreendente que fiz na rua com um menino de doze anos, Mathieu. É um jovem adolescente que recebi durante um ano em razão de uma grave fobia escolar. Essa é uma doença que acomete principalmente as crianças e adolescentes entre oito e dezesseis anos. Às vezes, a criança se recusa

Mathieu e Inês, duas histórias de fobia

a sair para a escola pretextando uma dor de barriga; outras, tomada pelo pânico na porta da escola, não consegue entrar. Depois de ter recebido várias crianças sofrendo de fobia escolar, constatei que a maioria delas foram crianças abandonadas pelo pai e muitas vezes mimadas demais pela mãe, também angustiada. Conscientemente, essas crianças sofrem porque precisam ir para a escola, mas inconscientemente sofrem por ter de separar-se da mãe. Sentem a angústia de ir para a escola para não sentir a angústia, ainda mais insuportável, de deixar o seio materno.

Mas voltemos a Mathieu. Embora tenhamos, ao longo das sessões, abrandado a relação fusional que ele mantinha com a mãe, sua angústia de ir à escola não cedia, acabando por confiná-lo em casa. Pensei então que, fora das nossas sessões habituais no consultório, seria necessária uma intervenção no lugar mesmo onde Mathieu se angustiava mais fortemente, ou seja, diante do portão da escola. Propus a seu pai que viesse me buscar de carro, às oito da manhã, com o filho e até com seu gato, para irmos juntos à escola. Posso me ver sentado na frente, no lugar do passageiro, o pai ao volante e o menino no banco de trás com o gato no colo. Nas proximidades do colégio, no último sinal vermelho antes de chegarmos, Mathieu, muito inquieto, suplicou ao pai: "Pare, papai! Pare o carro!". Depois de estacionar, resolvemos tomar um café no bar em frente, esperando que os alunos entrassem. Assim que fecharam o portão, os três atravessamos a rua, sempre com o gato, agora no colo do pai. Na frente da entrada, virei-me para Mathieu, ele paralisado de angústia, e disse: "Respire! Vamos respirar juntos, devagar, com a barriga! Agora faça o que estou fazendo: segure uma grade do portão e inspire profundamente". Mathieu fez o que lhe pedia e, sem soltar a grade, encorajado pela minha presença, perguntou: "E agora, eu entro?". "Não, hoje, não, vamos esperar um pouco." Atrás de nós, o pai ouvia e observava a cena. Voltando-me para ele, sugeri: "Sr. Bailly, gostaria, se possível, que o senhor voltasse aqui com Mathieu, duas manhãs por semana, refazendo os mesmos gestos que acabamos de fazer". E acrescentei: "No dia em que Mathieu puder atravessar o portão sem aquele medo na barriga, tente acompanhá-lo até a biblioteca. A diretora aceitou que ele estude lá algumas horas e volte em seguida para casa. Se tudo for bem, em alguns dias ele vai poder voltar para a sala de aula". O pai e a mãe seguiram minhas indicações e, pouco a pouco, conseguiram desmontar a angústia do menino diante do portão da escola. Tenho certeza de que, cada vez que Mathieu empurrava a grade da entrada, eu estava presente nele, animando o movimento de seu braço. Não posso contar toda a história de Mathieu, mas saibam que esse encontro fora do consultório foi decisivo para acelerar o desaparecimento da fobia de meu inesquecível jovem paciente.

Sem dúvida, você deve estar surpreso de ver um psicanalista atuando na rua. É bem verdade que não é frequente acompanhar um paciente ao local de seu sofrimento e ensiná-lo a modificar um comportamento doentio. No entanto, um psicanalista precisa saber desempenhar diferentes papéis sem deixar de ser psicanalista. Num determinado momento, ele é o psicanalista que revela ao paciente as causas inconscientes do conflito que o aflige; em outro, um psicoterapeuta que apazigua o conflito; e, em outro ainda, desempenha o papel de um guia que mostra ao paciente como controlar a angústia. Sou, portanto, psicanalista em qualquer momento, qualquer que seja a ação que esteja realizando. Seja no consultório, no carro ou diante do portão do colégio, sempre levo em consideração o inconsciente de quem trato. O que quero dizer? Que quando estou com Mathieu, por exemplo, vejo em pensamento um garotinho assustado com a ideia de ser arrancado de sua mãe. Mathieu sente conscientemente a angústia de ir à escola, mas não sente conscientemente o pavor de ser separado da mãe. Quanto a mim, sinto os dois ao mesmo tempo, sua angústia de ir à escola e seu medo inconsciente de ser separado da mãe. Como você pôde ver, o verdadeiro lugar da psicanálise não é no espaço, mas na cabeça e no coração do psicanalista.

MAS VOLTEMOS AO MEU CONSULTÓRIO. Posso ouvi-los perguntar: "Mas então, para que serve o divã? E em que casos o utilizar?". Quando o paciente se deita, ele modifica automaticamente seu ponto de vista: passa de uma visão vertical e habitual das coisas para uma visão onírica de sua vida interior. Falar com o psicanalista estando deitado no divã é como falar consigo mesmo em voz alta. É por isso que a fala no divã é muitas vezes uma fala cheia de emoção. Mas ele é indicado para quem? Ofereço o divã ao paciente quando percebo, desde as primeiras entrevistas, que ele tem o hábito de refletir sobre si mesmo e de retornar aos acontecimentos marcantes de sua infância; ou quando sinto que falar de sua sexualidade frente a frente poderia constrangê-lo. Também ofereço o divã ao homem ou à mulher de ação que, arrastado pelo turbilhão da vida profissional, perdeu o contato com as próprias emoções. O divã vai incitá-lo a voltar-se para si mesmo e entabular um diálogo interior. Concretamente, só peço a um paciente que se deite depois de algumas semanas do início do tratamento. Quero dar-lhe o tempo de preparar-se, para que a passagem ao divã não seja feita de maneira irrefletida. Desejo que essa passagem seja um momento solene tanto para ele quanto para mim. Digo sempre a meus pacientes, com uma ponta de humor, que o divã deve ser merecido! Quando o paciente se deita pela primeira vez, peço a ele que, antes de falar, fique em silêncio por alguns minutos, durante os quais deve permitir que lhe venham à mente lembranças, imagens, sentimentos, quiçá sensações. E esclareço que eu também vou me concentrar em sua pessoa, dando livre curso à imaginação de terapeuta. Depois de um momento, interrompo o silêncio de nossa introspecção comum e peço que me diga o que passou por sua cabeça. É assim que se inaugura uma promissora aventura a dois.

GOSTARIA, agora, de falar de Inês, uma jovem mulher que me procurou em virtude de uma grave fobia de rua e de multidão que a condenava a viver enclausurada em seu apartamento. Inês não podia sair sozinha nem entrar num supermercado e muito menos correr o risco de ficar imprensada entre duas pessoas na fila do caixa. Nos primeiros meses de seu trata-mento, ela vinha ao consultório acompanhada do marido, de sua melhor amiga ou da vizinha. Saibam que, desde a primeira consulta, não hesitei em prescrever-lhe um antidepressivo, não porque ela estivesse deprimida, mas porque existem antide-pressivos que são muito eficientes para reduzir a angústia da fobia e facilitar o trabalho psicanalítico.

Contudo, antes de continuar com a história de Inês, deixem--me esclarecer uma questão: o que é a fobia e quais são suas cau-

Mathieu e Inês, duas histórias de fobia 17

sas? A fobia é um medo anormal, o medo intenso e irreprimível de, por exemplo, encontrar-se sem defesa diante de um animal vivido como perigoso, como uma aranha ou um rato; ou ainda de entrar num local cheio, do qual seria impossível escapar, por causa da multidão, ou obter socorro no caso de uma crise de angústia. Um outro motivo habitual de fobia, dita "fobia social", é o medo de tomar a palavra em público e ser humilhado. Uma quarta forma de fobia é o medo de cair doente ou de ser contaminado. Mas gostaria que compreendessem que, no fundo, a fobia é o medo anormal de um perigo imaginário. É o medo por acreditar que serei aniquilado se não tiver alguém que me defenda contra o animal que me ataca; se não tiver alguém que me salve da multidão sufocante; ou, ainda, se eu não tiver alguém que me encoraje a falar; ou até se não tiver um médico que me tranquilize quanto a meu estado de saúde. No fim das contas, o animal, a multidão, o público ou a doença desempenha apenas um papel secundário, o essencial é o sentimento de perigo que desperta. Que perigo? Ser aniquilado, porque estou sozinho e sem defesa. Numa palavra, a fobia é o medo visceral de estar só diante de um objeto ou de uma situação temível. Podemos acrescentar uma outra característica da fobia. Quando a pessoa fóbica tem medo, ela reage fugindo, seja tranquilizando-se com a presença de alguém próximo — como quando acompanhamos Mathieu ao colégio —, seja recusando-se a sair de casa, como é o caso de Inês, que não conseguia descer sozinha até a rua e nem sequer fazer as próprias compras.

MAS QUAIS SÃO AS CAUSAS da fobia? Muitos profissionais afirmam que são desconhecidas. No entanto, nós, psicanalistas, temos uma hipótese sobre a origem da fobia, hipótese amplamente confirmada pela experiência com nossos pacientes fóbicos. De fato, constatamos inúmeras vezes que as pessoas que sofriam de fobia tinham sido traumatizadas na infância ou na adolescência pela perda brutal de um ente querido. Digo "traumatizadas" e "brutal" porque a criança ou o adolescente eram frágeis demais para amortecer o choque que essas perdas provocaram. Penso, por exemplo, no bebê que perdeu tragicamente a mãe ou no menino dividido entre os pais que se atacam, ou ainda na adolescente arrasada pela morte repentina de uma avó que era tudo para ela. Mas eis aqui o que acho importante dizer. A criança que acabou de sofrer o trauma de uma separação violenta ou de um abandono brutal, essa criança treme e vai tremer a vida inteira, com medo de que esse trauma se repita. Insisto. O medo de reviver o dilaceramento de uma separação transforma-se muitas vezes num temor permanente, que dura toda a vida. É justamente esse temor, esse medo infantil de ser abandonado uma segunda vez, de ser traumatizado uma segunda vez que reaparece na idade adulta na forma de medo fóbico de estar sozinho, separado daquilo que dá segurança. Podemos dizê-lo em uma frase: o medo fóbico do adulto de hoje é a repetição do medo da criança abandonada de ontem. É por isso que digo sempre a meus alunos: "Quando estiverem diante de um paciente que sofre de problemas fóbicos, perguntem, com um tato infinito, se ele viveu, quando era criança ou adolescente, a morte brutal de alguém próximo, uma partida definitiva ou a longa ausência de uma pessoa muito importante para ele". Na maioria dos casos, essa sequência que vai do abandono à fobia se verifica plenamente.

MAS RETOMEMOS A HISTÓRIA de Inês. Desde a primeira entrevista, fiquei sabendo que Inês havia sido abandonada aos três meses por uma jovem mãe toxicômana e deprimida. O pai tinha voltado a viver em seu país natal antes mesmo do nascimento da criança; a mãe, desesperada e doente, confiou a neném a uma babá e nunca mais voltou para pegá-la. É espantoso, mas foi o que aconteceu! Depois de um ano, como a mãe de Inês foi dada como desaparecida, a babá e seu marido decidiram finalmente adotar a criança. Como se pode imaginar, ao saber que Inês havia sido abandonada, pensei imediatamente que meu trabalho de analista seria mostrar até que ponto sua fobia de hoje era resultado do abandono de ontem. Esperava também, um pouco mais tarde, poder levá-la a imaginar e reviver o dilaceramento que um bebê pode sentir quando percebe (confusamente, é claro) que perdeu milhares de sensações que o ligavam à mãe. Pensei que, se Inês conseguisse reviver o abandono, poderia relativizá-lo, ou seja, perceber que seu abandono não é toda a sua vida, mas apenas uma parte dela — a mais trágica, é bem verdade.

Como tratei Inês? Além do antidepressivo prescrito e do trabalho de revivescência do abandono que me prometi fazer, procedi com Inês como fiz com o jovem Mathieu. Queria que ela se habituasse pouco a pouco a sair na rua, até que a angústia se tornasse tolerável. Assim, os três nos reunimos — a paciente, seu marido e eu — para combinar um programa de enfrentamento progressivo da tão temida rua. Eis as primeiras etapas estabelecidas. Para começar, Inês desceria para passear com o cachorro no jardim do condomínio, acompanhada do marido. Depois, faria o mesmo trajeto, mas sem o marido, que a observaria da varanda do apartamento. Assim que fosse possível, ela repetiria o passeio, sempre com o cachorro, mas sem que ninguém olhasse. Seguindo o programa, estabelecemos que Inês sairia do condomínio e daria uma volta no quarteirão junto ao marido. E, mais tarde, se a angústia tivesse diminuído, poderia caminhar sozinha com o cachorro até a padaria da esquina. Não mencionarei as outras etapas previstas, pois prefiro passar logo para uma sessão definitiva do tratamento.

Foi a sessão em que ocorreu a revivescência da dor do abandono, depois da qual pudemos constatar a redução da intensidade de sua angústia fóbica. O que aconteceu? Inês desmoronou. Ela contou que tinha recebido uma carta do proprietário de seu apartamento avisando que ela teria que deixar o apartamento que tinha se transformado num refúgio. Ouvindo-a, fiquei comovido, pois senti que, para ela, perder o apartamento era perder seu ninho, uma parte dela mesma. Pensei imediatamente na Inês-bebê descobrindo instintivamente que sua mãe não voltaria mais. Cheguei a visualizar a cena em que a neném, sentindo-se abandonada, grita e se enrosca sobre seu vazio interior. Essa cena mental era fugaz, mas a imagem, embora fluida, era fortemente sugestiva. Nesse momento, permanecendo lúcido em meu papel de terapeuta, eu era também aquele bebê que sofria. Foi então que, com muita delicadeza, voltei-me para Inês e disse que o dilaceramento que o abandono do apartamento representava para ela me fazia pensar na pequena Inês soluçando nos braços da babá até cair desfalecida de exaustão. Quando me ouviu, Inês ficou fora de si. Tive a impressão de que, ao descrever a cena que imaginei, despertava nela a emoção da neném abandonada. Jamais esquecerei essa experiência de uma revivescência compartilhada. Eu diria que a análise de Inês, nossa análise, dividiu-se em duas partes:

antes e depois da revivescência comum do abandono. Como eu disse antes, após essa sessão, a intensidade de sua angústia fóbica reduziu-se enormemente. Inês não tinha mais necessidade de ser acompanhada para vir às sessões e seu medo das ruas transformou-se num temor administrável de multidões. Interrompemos a análise algum tempo depois desse momento magnífico de criação em que, juntos, fizemos renascer uma emoção antiga.

SOUBE QUE INÊS TRABALHA atualmente como roteirista de séries de televisão. Lembro-me de que, durante o último ano do tratamento, ela lia para mim fragmentos de seu diário íntimo, escritos com talento. Algumas vezes, pedi para lê-los, eu mesmo, em voz alta. Ao falar da paixão de Inês pela escrita, não posso me impedir de pensar que ela transformou a dor de seu abandono em necessidade de escrever.

Ângela, a jovem anoréxica

> Como se a anoréxica, essa asceta magnífica, pedisse a Deus com fervor: "Pai, livrai-me do corpo e tornai-me leve como o espírito".

GOSTARIA DE FALAR AGORA de uma doença grave, a anorexia mental, e contar como foi minha intervenção junto a Ângela, uma jovem paciente anoréxica que foi minha analisanda muitos anos atrás.

O que é a anorexia mental? A palavra "anorexia" é composta do prefixo negativo *an-* e de *orexis*, que quer dizer "apetite". Literalmente, anorexia significa, portanto, "ausência de apetite". Mas na verdade, "anorexia" não é um termo apropriado para designar a doença de que falamos, pois os anoréxicos não perdem o apetite. O problema deles não é o apetite. O problema do anoréxico é a angústia de engordar e a obsessão, a preocupação permanente de emagrecer, a ponto, às vezes, de morrer de inanição. O calvário do anoréxico resume-se, portanto, a esses dois sofrimentos, que levam a pessoa a se autodestruir.

A anorexia atinge essencialmente adolescentes, moças e, mais raro, rapazes. Observem que a jovem anoréxica é muitas vezes viva de espírito, brilhante e muito ativa. Apesar do corpo frágil, sua energia é espantosa. O gatilho para essa doença mental é, com frequência, um desafio difícil que a adolescente precisa enfrentar, como uma prova de admissão para uma universidade, uma temporada no exterior, um término amoroso, a morte brutal de uma pessoa próxima ou o divórcio tempestuoso dos pais — choques emocionais capazes de abalar uma jovem que já era frágil. Algumas vezes, a anorexia surge depois de um regime para emagrecer feito sob pressão da mãe, que, preocupada com as gordurinhas da filha, não cansa de censurá-la pelos quilos a mais. A futura anoréxica começa então seu regime, desenvolvendo uma fixação no próprio peso, e não consegue mais parar de emagrecer.

De maneira concreta, a anorexia caracteriza-se por quatro sintomas maiores: proibir-se de comer; emagrecer sem parar; interrupção momentânea da menstruação; e, por fim, o quarto sintoma, as crises de bulimia, sinal de que a doença se agravou. Se retomarmos em separado cada um desses quatro sintomas, o mais determinante é o primeiro, *proibir-se de comer*, privação que conduz inevitavelmente ao emagrecimento patológico. Como eu disse antes, a anoréxica não perdeu o apetite, muitas vezes ela tem fome e corre a todo momento o risco de sucumbir à tentação de comer. Seu pavor de engordar faz com que se submeta a regimes muito severos, suprima refeições, elabore estratégias complicadas para se alimentar o mínimo possível, tome laxantes e diuréticos em grandes doses, e pratique uma hiperatividade esportiva, com o objetivo de queimar calorias e subjugar o próprio corpo. Ela é impiedosa com seu corpo, o qual deseja dominar. Em sua luta para emagrecer, a anoréxica usa uma outra arma temível: provocar vômitos. Seja depois de um acesso descontrolado de bulimia ou ao cabo de uma refeição em família, ela só tem uma ideia na cabeça: regurgitar tudo o que devorou. Penso justamente naquela jovem paciente que adorava se fartar de hambúrgueres com batata frita num fast--food e vivia cada banquete como um abandono insuportável do regime draconiano imposto por ela mesma. Logo depois da sobremesa preferida, o imperdível bolo de chocolate, ela arranjava uma desculpa para deixar a mesa e ir sorrateiramente para o banheiro. Colocava-se de joelhos diante da privada, inclinava a cabeça e enfiava os dedos no fundo da garganta para vomitar toda a comida, até sentir um vazio libertador dentro dela. Esse comportamento, mistura de oralidade e analidade, sempre me fez pensar que a boca e o ânus da anoréxica eram, em sua fantasia, um único e mesmo orifício: em lugar de evacuar com o ânus, ela evacua com a boca. A esse respeito, tenho o hábito de perguntar a minhas pacientes anoréxicas não apenas sobre a maneira como comem, mas também sobre a maneira como usam a privada.

O segundo sintoma, o fato de *emagrecer sem parar* é o sinal mais visível da doença. Quando cruzamos na rua com uma jovem extremamente magra, pensamos, com toda certeza, que ela sofre de anorexia. Às vezes o emagrecimento atinge o limite viável do corpo e a hospitalização torna-se urgente.

Quanto à *interrupção momentânea da menstruação*, terceiro sintoma, trata-se de uma consequência da desnutrição. O circuito neuroendócrino entre o hipotálamo, a hipófise e os ovários é perturbado, a ovulação não ocorre e instala-se a amenorreia. Mas a interrupção da menstruação pode ser explicada também do ponto de vista psicanalítico. A amenorreia seria provocada pela recusa inconsciente da anoréxica a ter o corpo repulsivo da mãe, tal como ela o imagina. De fato, em sua fantasia, o corpo da mãe é o corpo flácido de uma mulher disforme, submissa ao homem e extenuada pelas gestações. Veremos em seguida, com o exemplo de Ângela, que o sofrimento das adolescentes anoréxicas tem origem no temor fantasiado de se transformar numa mulher dócil e numa mãe esgotada. Compreende-se então que o medo de ser mulher e de ser mãe é mais forte que a ovulação fisiológica; o medo é mais forte que as leis da natureza. Como se o inconsciente patológico da anoréxica predominasse sobre sua fertilidade. Eis uma ilustração eloquente do poder inibidor do inconsciente sobre o corpo de uma jovem mulher e, mais ainda, sobre seu destino. Mas atenção! Apesar do horror ao corpo materno, não é raro ver certas pacientes anoréxicas superarem esse bloqueio, aceitando seu corpo de mãe e levando a termo uma gravidez bem-sucedida.

Com relação às *crises de bulimia*, quarto sintoma, recordemos que elas se apresentam sob a forma de acessos compulsivos de ingurgitação maciça de alimento seguida de vômitos provocados. Como eu disse acima, é um sinal de agravamento da doença. Temos, portanto, pessoas anoréxicas que lutam todos os dias para não romper o regime estrito que se impuseram e pessoas anoréxico-bulímicas que transgridem regularmente o próprio regime com crises de frenesi alimentar e de vômitos deliberados e purificadores.

Gostaria de falar agora do tratamento da anorexia e de meu trabalho com Ângela, mas antes preciso esclarecer por que a anorexia é qualificada como "mental": porque comporta três disfunções psicológicas: a disfunção *emocional*, que é o medo de engordar; a disfunção do *pensamento*, que é a obsessão invasiva de emagrecer ao infinito; e a disfunção da dupla *percepção do corpo* — a visão deformada da imagem do corpo no espelho e a sensação extremamente viva de ter a barriga cheia ou vazia. Numa palavra, o medo de engordar, a obsessão por emagrecer e a falsa percepção do próprio corpo caracterizam a personalidade patológica da pessoa anoréxica.

CHEGOU A HORA DE APRESENTAR Ângela e mostrar como abordo o tratamento da anorexia. Ela é uma jovem de 21 anos, excelente aluna de uma escola de engenharia, que me procurou depois de sua última hospitalização, acompanhada dos pais. Nesse dia ela pesava 43 quilos, tendo 1,70 metro de altura. Ângela tinha certeza absoluta de que estava gorda, embora seu corpo estivesse esquelético. Compreendi de imediato que ela sofria da anorexia mais séria e mais difícil de tratar. Distingo dois tipos de anorexia: uma eminentemente neurótica, sem alteração grave da personalidade; outra eminentemente psicótica, em que a jovem apresenta o delírio de sentir-se e ver-se obesa, ainda que tenha um peso muito baixo.

Lembro de uma sessão em que Ângela se queixava de suas insuportáveis gordurinhas, embora estivesse próxima do limite vital dos 39 quilos. Como um de meus objetivos terapêuticos era fazer com que ela duvidasse de suas falsas certezas, convidei-a a levantar-se da poltrona e ir comigo até o imenso espelho do hall de entrada do meu consultório. Revejo com clareza essa cena, embora tenha acontecido há alguns anos. Estamos em pé, lado a lado na frente do espelho, e, olhando nossas imagens refletidas, eu pergunto: "Ângela, me mostre onde é que você acha que está gorda?". Espontaneamente, ela aperta entre os dedos os músculos atrofiados de sua coxa e, virando-se para mim, diz: "Está vendo, doutor, preciso eliminar tudo isso!". E eu, surpreso, objetei: "Mas isso são seus músculos!". "Que nada", replica ela, "não são músculos, é gordura, montes de gordura que não consigo eliminar!" Eu já havia tratado muitas anoréxicas, contudo, diante do tom peremptório de Ângela, pensei comigo mesmo: como é possível que ela negue tão cegamente a realidade de seu corpo descarnado? Eis aí a perfeita ilustração, refleti, do que é uma percepção alucinada do corpo: Ângela vê gordura onde simplesmente não há! Em resposta a essas palavras, não contrariei a paciente, mas sugeri: "Certo, Ângela, estou entendendo. Proponho que você volte aqui, diante desse espelho, em três semanas e veremos juntos se esses pneus de gordura derreteram". Com essa cena do espelho, quero transmitir o modo como trato a percepção alucinada que o anoréxico tem do próprio corpo. Em vez de conversar com minha paciente e ouvi-la queixar-se de seu corpo "adiposo", prefiro levá-la até o espelho, mostrar que a percepção que tem de seu corpo está errada e, ao mesmo tempo, tentar retificá-la.

Agora, gostaria que assistissem a uma sessão marcante com Ângela, na qual corrijo uma outra disfunção mental, a recusa da feminilidade e da maternidade, sobre a qual já comentei ao falar da interrupção da menstruação. Ângela lidava com uma obsessão tirânica: emagrecer, emagrecer e emagrecer, até obter um corpo reto, sem a menor curva feminina. Um dia, durante uma sessão, tive a ideia de pedir que desenhasse o corpo que gostaria de ter. Peguei o tamborete que me serve muitas vezes de mesinha, dei-lhe uma folha de papel e um lápis, pedi que desenhasse seu corpo ideal. Ao olhar o desenho, fiquei surpreso ao descobrir que ela tinha esboçado apenas uma cabeça a partir da qual duas linhas paralelas desciam até o chão. Observei que não estava vendo quadris, nem seios, nem nádegas, nenhuma curva! "É verdade", disse ela, "Você tem razão. Mas é assim que eu gostaria de ser!" Tive que replicar: "Mas parece mais o corpo de um menino!". "Sim", disse ela, "parece mesmo o corpo de um menino." Eu insisti: "E você? Esse rapaz seria você?". "Não sei. É verdade que sempre sonhei em ser o menino que meu pai gostaria de ter tido e não teve. Sim, às vezes sinto que sou o filho de meu pai. Quando ele trabalhava na biblioteca eu era, na verdade, a única que vinha ajudá-lo a classificar suas fichas. Nessa época, saíamos juntos de bicicleta todo domingo, só nós dois. Adorávamos ficar juntos." Ao ouvir essas palavras, senti que Ângela confirmava a ideia que fui forjando à medida que meu trabalho com jovens anoréxicas avançava: a ideia de que a recusa da feminilidade e da maternidade se associava ao desejo de ser um menino andrógino, cúmplice do pai. O "Não quero ser como minha mãe" soma-se então ao "Sonho em ser o menino que meu pai gostaria de ter tido". Ainda uma observação a propósito do desenho que pedi a Ângela: o que me interessava, como você deve saber, não era o desenho em si, mas estabelecer entre nós um dispositivo simples que, aliás, tivemos oportunidade de usar muitas vezes durante o tratamento e que permitiu que avaliássemos juntos a evolução da imagem que Ângela fazia do próprio corpo. Nos desenhos seguintes, prestei atenção sobretudo no aparecimento das curvas femininas que faltavam ao primeiro desenho.

Uma outra manifestação do sofrimento de Ângela que precisei tratar foram os acessos compulsivos de bulimia, que se encerravam sempre com vômitos provocados. Todos sabemos que os vômitos geram carências metabólicas e fisiológicas altamente prejudiciais à saúde, pois não expelimos apenas os alimentos recém-ingeridos, mas também os sucos nutritivos presentes no tubo digestivo. No entanto, é preciso compreender que a sensação de alívio que produzem é vivida pela anoréxica como uma verdadeira droga, que acaba causando dependência. Depois de vomitar, ela exulta ao experimentar a sensação de leveza interior e a alegria de triunfar sobre seu corpo carnal. "Tudo bem, eu vomitei", diz ela, "mas ganhei em todos os quesitos: tive o prazer de comer e não engordei um grama sequer!" A propósito da adição aos vômitos, devo dizer que não me impeço, enquanto analista, de desempenhar um papel diretivo para ajudar minha paciente anoréxica no processo de desmame dessa ânsia de vomitar. De fato, se a anoréxica confessa que provoca vômitos três vezes por semana, por exemplo, não exijo que pare de uma vez. Peço apenas que tente se controlar e vomite só uma vez por semana. Pensando em Ângela, espantei-me muitas vezes com a facilidade com que ela aceitava o desmame que eu propunha. Devo dizer também que, cada vez que eu fixava limites, fazia questão de esclarecer que, se ela se sentisse incapaz de respeitar nosso acordo, eu seria sempre compreensivo.

Por fim, a última disfunção mental dos anoréxicos que precisamos tratar é sua obsessão de emagrecer indefinidamente. O que me importa não é o conteúdo da obsessão, ficar magra, mas a obsessão em si, o fato de a cabeça da paciente estar inteira e unicamente ocupada pela ideia lancinante de ter que emagrecer. Ora, tive ocasião de constatar muitas vezes que, por trás das obsessões de meus pacientes, fermenta a agressividade. Se devo, por exemplo, tratar as obsessões de uma jovem

Ângela, a jovem anoréxica   31

anoréxica como Ângela, preciso, portanto, tratar sua agressividade. Se a diminuirmos, diminuiremos automaticamente os pensamentos obsessivos a respeito do peso. Claro, mas como diminuir a agressividade? Ou, o que dá no mesmo: como uma anoréxica pode temperar os impulsos agressivos e, com isso, enfraquecer suas obsessões? Essa agressividade se volta contra ela mesma quando, por exemplo, se impede de comer, controla o peso incessantemente ou se força a ir além dos próprios limites físicos. Impedir-se, policiar-se ou levar o corpo ao extremo são expressões de agressividade contra si mesma. Como, então, sublimar a autoagressividade da paciente anoréxica? Temos dois meios: o despertar da curiosidade e o desejo de criar. Se provocarmos a curiosidade e despertarmos a criatividade da anoréxica, estaremos reduzindo sua agressividade e freando a aceleração de seu pensamento obsedante.

Ainda um comentário sobre os pacientes anoréxicos: não hesito em prescrever um antidepressivo, não para tratar alguma depressão, mas para reduzir a hiperaceleração de seu pensamento obsessivo. O antidepressivo é, a meu ver, um excelente colaborador para me ajudar a tornar o paciente menos rígido, menos perfeccionista e menos compulsivo. Se o psicanalista não é médico, sugiro que trabalhe em equipe com um colega psiquiatra.

Minha última observação diz respeito à atitude do terapeuta diante das variações do peso da paciente. Parto do seguinte princípio: se a anoréxica acreditar que sou mais um daqueles que querem que ela engorde, ela vai me rejeitar. Prefiro, então, ir na contramão e pedir, quando seu peso aumenta ligeiramente, que não ultrapasse um certo limite (46 quilos para Ângela, por exemplo). Transformo-me, assim, num aliado e ela passa a confiar em mim. O analista não deve ser vivido pela paciente anoréxica como uma mãe angustiada que espera que ela ganhe peso. Quero que ela compreenda que estou aqui para tratar de suas penosas obsessões, para ajudá-la a deixar de ter a cabeça tomada o tempo todo pela comida, por calorias e cálculos estratégicos destinados a não engordar.

UMA PALAVRA SOBRE O FINAL do tratamento de Ângela, que durou três anos. Quando nos deixamos, seu estado físico e psíquico tinha melhorado nitidamente, embora ela continuasse preocupada em manter-se esbelta. Alguns anos mais tarde, encontrei com sua mãe e soube que Ângela estava então muito dedicada ao trabalho de diretora do departamento de informática de uma grande empresa do setor de aviação.

GOSTARIA DE ENCERRAR este relato com uma pergunta. Por que compreender o sofrimento dos anoréxicos nos interessa tanto? Respondo: porque percebemos que eles vivem tragicamente com seu corpo o mesmo que nós vivemos mais ou menos serenamente com o nosso. Assim como a anoréxica, temos uma dupla percepção do nosso corpo: nós o vemos e o sentimos, vemos nossa imagem no espelho e sentimos nossas sensações. É bem verdade que não alucinamos nosso corpo como Ângela, que se via gorda e se sentia pesada, embora fosse filiforme e etérea. Não, não alucinamos, mas deformamos a imagem e a sensação do nosso corpo. Nunca vemos e sentimos nosso corpo tal como é, mas tal como gostaríamos que fosse. E por que essa distorção? Nós amamos ou detestamos nosso corpo porque ele vibra como vibrava quando éramos crianças e porque ele guarda na memória todas as carícias daqueles que nos amaram e todas as dores provocadas pelos que nos rejeitaram. Nossos sentimentos, nossa história e todos aqueles que foram importantes para nós falseiam a percepção do nosso corpo tal como é. Numa palavra, que será minha conclusão, lá onde os anoréxicos alucinam seu corpo, nós o enfeamos quando não o amamos e o embelezamos quando o amamos.

*

VINTE ANOS SE PASSARAM DEPOIS do fim do tratamento de Ângela. Em sua última sessão, ela me autorizou a contar a história de nosso trabalho se a ocasião viesse a se apresentar. Ora, uma semana atrás, eu estava almoçando com um amigo na varanda de um restaurante quando, de repente, uma senhora muito elegante parou perto de nossa mesa e, toda sorridente, perguntou: "O senhor não é o dr. Nasio?". Confirmei e ela se apresentou: "Não está me reconhecendo? Sou Ângela e ouvi o programa do último domingo na France Inter sobre a anorexia. Foi maravilhoso! Cheguei a chorar ao me rever tão jovem e tão mal. O acaso quis que eu o encontrasse hoje e tivesse a oportunidade de lhe dizer 'Obrigada, doutor! O senhor me ensinou a me aceitar, compreendi que o encontro mais importante da vida é o encontro consigo mesma'". Eu sorri, e ela se virou e atravessou a rua rapidamente.

"É monstruoso! Sou uma mãe que deseja matar o filho"

No correr destas páginas, percebe-se que um psicanalista não trabalha somente com seu saber, mas sobretudo com sua sensibilidade às emoções e, em síntese, com sua receptividade ao inconsciente do paciente. Para mim, ser psicanalista é exercer uma força, a força de sentir: sinto as vibrações profundas de meu paciente como sinto a vida pulsar em mim.

No curso deste relato, gostaria de falar da culpa e lhe contar a inimaginável história de Muriel, uma paciente muito antiga, com a qual aprendi muito. Ela reforçou minha confiança em minha vivência de psicanalista quando estou diante de um paciente difícil que, por exemplo, corre o risco de matar alguém ou de se matar.

Muriel é a jovem mãe de um lindo menininho de dois anos chamado Gabriel, que me procurou por causa de um sofrimento horrível que perturba sua vida há um ano e que fez com que fosse hospitalizada numa ala de psiquiatria por várias semanas. Muriel me confessou de imediato que uma loucura assassina lhe sobe à cabeça cada vez que fica sozinha com o filho. À tardinha, por exemplo, quando sai do escritório para buscar Gabriel na creche, ela começa a temer o momento fatídico em que os dois ficarão sozinhos em casa, esperando a chegada do pai. Sabe também que Gabriel vai pedir para brincar de carrinho e que os dois vão se sentar no carpete, diante da janela envidraçada da sala. Quando finalmente chega em casa e começa a brincar com ele, entra num estado de alteração, de ausência, evita cruzar o olhar com o filho e começa a imaginar que vai se jogar sobre ele, agarrá-lo, levá-lo com violência até a janela, içá-lo por sobre o peitoril e lançá-lo no vazio. Depois disso, paralisada pela ideia de um assassinato do qual se sente capaz, ela se vê como um monstro abominável. Só a chegada do marido pode tranquilizá-la.

Ao ouvir esse roteiro trágico não fiquei preocupado. Compreendi imediatamente que Muriel não era de forma alguma perigosa para o filho e que sofria daquilo que chamamos de fobia de impulsão. "Fobia" significa ter medo, e "impulsão" significa uma vontade irresistível de agir. A fobia de impulsão é, portanto, um medo, o medo de não conseguir se impedir de cometer um ato deplorável, absurdo ou perigoso. O doente tem medo de ceder à impulsão de fazer mal, mas na verdade seu corpo não é arrastado por nenhuma impulsão. Não é o corpo que está em jogo, mas a cabeça. Sua cabeça é invadida pela ideia obsessiva de ser capaz de tudo. O sujeito não é nem bestial nem feroz, mas se acredita ambas as coisas, e essa ideia o persegue até o esgotamento. A dificuldade com pacientes como Muriel é o mal-estar que provocam em nós quando confessam sua intenção criminosa. Escutar alguém dizer que tem medo de matar o próprio filho nos leva logo a temer o pior e tomar todas as medidas para evitar a tragédia. Foi assim que Muriel, antes de me procurar, foi hospitalizada e tratada com medicamentos extremamente fortes destinados a

"É monstruoso! Sou uma mãe que deseja matar o filho"

impedi-la de agir; tratamento que foi prescrito pelo hospital a fim de neutralizar uma mãe diagnosticada como psicótica e perigosa para o filho.

Lembro-me muito bem da primeira sessão, quando a paciente ficou surpresa ao me ouvir dizer, no final da entrevista: "Ouça, Muriel, você nunca vai fazer mal a seu filho. Você não é capaz de matar nem uma mosca!". "O senhor tem certeza? E se estiver enganado... e eu matar meu filho?", replicou ela, angustiada. Precisei insistir: "Você acredita que é perigosa, sofre por acreditar nisso e quer me convencer de que realmente é. Pois bem, não, eu afirmo que você não é. E repito: você não é assassina nem perigosa. Você não é uma pessoa violenta e não está doente de seus atos, está doente do pensamento, e há muito tempo. Seu problema são seus pensamentos, sua imaginação, e não os seus atos".

No decorrer das sessões que se seguiram, pude confirmar que sua fobia de impulsão não era manifestação de uma doença grave, de uma psicose, mas de uma neurose. Na psicose, o ser do paciente está partido, enquanto na neurose o ser do paciente está distorcido, mas intacto. A fobia de impulsão de Muriel era, portanto, a manifestação de uma neurose obsessiva. Detenho-me aqui um instante para corrigir um eventual mal-entendido. A expressão "fobia de impulsão" pode levar a crer que Muriel sofre de fobia, ou seja, de uma neurose caracterizada pela angústia. É verdade que a paciente fica angustiada diante da ideia de cometer um ato insano, mas aqui não é a angústia que importa, e sim a própria ideia de cometer o ato, a ideia obsedante de cometê-lo. Essa ideia é o verdadeiro sintoma da doença. Muriel está, antes de tudo, doente do pensamento, e sua neurose é uma neurose obsessiva.

Seu sofrimento começou quando ela ainda era menina, aos sete anos de idade. Já nessa época, a pequena Muriel estava obcecada com a morte do pai. Se por acaso, brincando, batia a mão direita, ela precisava, imperiosamente, bater também a mão esquerda para conjurar a morte do pai; se as duas mãos doíam, então seu pai estava salvo. Eu estava seguro ao concluir que minha paciente sofria de uma neurose e não de uma psicose. Já tinha tratado inúmeros pacientes afetados, como Muriel, por uma fobia de impulsão. Entretanto, confesso que, apesar de minha experiência e firme convicção de que não ia acontecer nada de grave, perguntava-me ainda assim se não estava deixando minha paciente e seu filho correrem riscos, já que ninguém é infalível.

Este não é o espaço para detalhar toda a riqueza e complexidade do caso de Muriel. Mas gostaria de contar como compreendi a origem de sua neurose obsessiva e de suas ideias infanticidas. A hipótese que me guiou foi justamente a da culpa. Para me explicar melhor, relembro o raciocínio que segui até aqui: primeiro, entendi que Muriel sofria de uma fobia de impulsão; em seguida, considerei a fobia de impulsão como manifestação de sua neurose obsessiva; e, para terminar, sabia que na base da neurose obsessiva se encontra sempre a culpa. Por quê? Porque na base da neurose obsessiva aparece sempre a agressividade. Sim, a agressividade. E, na sequência da agressividade — *fazer mal* —, aparece sempre a culpa por *ter feito mal*. Quando você estiver diante de alguém que sofre de obsessão, por exemplo de TOC — Transtorno Obsessivo Compulsivo —, lembre que esse alguém viveu, ainda criança, uma situação de violência na qual, por acreditar que era o malvado da história,

"*É monstruoso! Sou uma mãe que deseja matar o filho*" 39

sentiu-se culpado. Como veremos a seguir, foi exatamente isso que aconteceu com a pequena Muriel.

Detenho-me um instante aqui para precisar que nossa paciente sofre, de fato, de duas culpas: uma vivida conscientemente e outra não consciente, instalada desde a infância. A culpa consciente se manifesta sob a forma de uma crise de angústia que sufoca Muriel quando ela imagina que vai matar o filho e se acusa: *Eu sou um monstro*. A outra culpa, antiga, latente, não percebida mas sempre atuante, é a que foi mais nefasta na vida de Muriel. Mas de que a pequena Muriel se sentia culpada sem saber? Para responder, preciso contar que ela veio ao mundo um ano depois da morte de seu irmão mais velho, que morreu no parto. Foi uma desgraça que atingiu a família e turvou o nascimento da irmãzinha. Desde então, Muriel sente-se inconscientemente culpada por ter tomado o lugar do irmão falecido. Ela sobreviveu e continua a viver, mas seu irmão não. É fácil compreender agora que ela não se sente culpada por um delito que não cometeu, mas culpada por ter sobrevivido ao irmão e por ter desfrutado do amor dos pais. Eu disse que Muriel manifestou sua culpa consciente acusando-se: *Eu sou um monstro*. Digo que ela poderia ter manifestado sua culpa inconsciente recriminando-se: *Roubei de meu irmão a felicidade de existir.*

Gostaria de relatar agora o essencial das observações que fiz à minha paciente no decorrer de nossas várias sessões. Vou relatá-las como se estivesse falando diretamente com ela: "Você não é um monstro, embora imagine ser e sofra com isso. Você é uma mãe que ama infinitamente o seu filho; poderia até dizer que Gabriel é tão perfeito a seus olhos que excede tudo o que poderia ter sonhado como filho". A propósito, Muriel mostrou-me uma foto de Gabriel e fiquei admirado de como ele era lindo! Diante da imagem de um menino tão bonito, pensei comigo mesmo que a culpa inconsciente que Muriel sentia não era apenas por ter sobrevivido ao irmão, mas por ser uma mãe tão cheia de felicidade. Em geral, quando falamos de felicidade ninguém pensa que ela possa ser uma falha. Contudo, há pessoas, como Muriel, que se sentem culpadas por gozarem de uma felicidade "não merecida".

Mas retomemos o fio do que eu disse a Muriel no curso de nossas sessões: "Estou convencido de que, quando você se casou, ficou tão feliz que, já naquela época, começou a pensar que o destino tinha se enganado, que era impossível ser tão feliz, com um marido tão amoroso, sendo, como você acreditava, uma jovem feia, que jamais se casaria, carregando o fardo terrível de ter ocupado o lugar de seu irmão mais velho. Imaginar que vai matar Gabriel, eliminá-lo, é querer eliminar esse excesso de felicidade tão insuportável. Como se você dissesse a si mesma: 'Não tenho o direito de ter um filho e de ser uma mãe feliz, porque sou culpada de ter tomado o lugar de meu irmão morto. Tenho que matar meu filho para pagar o crime de ter matado meu irmão'". É bom dizer que essas observações que você acaba de ler não foram feitas de uma só vez, mas aos poucos e nos momentos oportunos, quando Muriel estava em condições de recebê-las. Ao mesmo tempo em que lhe revelava sua culpa, profunda e inconsciente, por ter sobrevivido ao irmão, falei também da outra, a culpa consciente de se ver como um monstro querendo matar o ser que mais amava.

"É monstruoso! Sou uma mãe que deseja matar o filho"

ANTES DE TERMINAR ESTE RELATO, gostaria de me deter um pouco na angústia que Muriel sentia quando era atormentada por suas obsessões infanticidas. Sei por experiência que existem pessoas neuróticas que têm a espantosa necessidade de se atormentar, de ocupar a cabeça com ideias horríveis! Como se, para elas, o tormento fosse uma droga sem a qual não conseguem viver. Foi por isso que resolvi dizer a Muriel que a ideia louca de matar Gabriel era, na verdade, um meio de se atormentar como se quisesse se assustar vendo um filme de terror. "Sabe", disse eu, "Gabriel é o seu talismã e cada vez que se sente tomada pela ideia mórbida de matá-lo, cada vez que é assaltada por essa ideia louca, eu imagino você numa ponte..." Lembro muito bem dessa alegoria da ponte, que me veio à mente ao ouvir Muriel. Tenho o hábito de traduzir o que os pacientes me dizem em imagens. Eu disse, então: "Imagino você numa ponte, o braço estendido acima da água, segurando entre os dedos uma joia, o seu filho Gabriel. Você está a ponto de largá-lo, mas tem muito medo de perdê-lo para sempre. Nesse momento, você é só angústia, pura angústia, como se tivesse necessidade de angustiar-se, de sentir o medo de destruir o ser que você mais ama. Sim, Muriel, você tem a necessidade de se angustiar *imaginando o pior para se assegurar de que não vai cometer o pior*. Você imagina que está matando Gabriel para ter certeza de que não vai matá-lo nunca!".

Mas quero encerrar a história de nossa paciente com uma última observação. Minhas intervenções junto a Muriel nunca foram recomendações. Nunca disse: "Afaste-se de seu filho!", ou ao contrário: "Ame seu filho!". Não, nunca lhe falei assim. Preferi sempre apontar o seu sentimento de culpa: "Você não se permite ser feliz", ou ainda: "Você se proíbe de viver serenamente a alegria de ser mãe".

Saibam que a análise de Muriel seguiu seu curso com uma nítida atenuação dos sintomas. Não muito tempo depois do fim do tratamento, recebi de nossa paciente e de seu marido o anúncio do nascimento de seu segundo filho.

Lúcia e os quarenta termômetros: A neurose

QUEM ESTÁ NO CENTRO DESTE RELATO é você que me lê, pois decidi falar da sua neurose — sim, da sua neurose, ou melhor, da nossa neurose, pois todos nós somos mais ou menos neuróticos. É muito difícil estabelecer uma fronteira nítida entre o normal e o patológico. Quase não há estado normal no qual não se possa discernir um traço neurótico e até perverso, sendo a perversão tratar nosso semelhante como um objeto de consumo, sem consideração por sua pessoa. Penso que todos nós temos não apenas um comportamento neurótico, mas também acessos de perversão que fazem parte de nossa neurose. Veja bem, o neurótico não é um doente perverso como um pedófilo, que é uma questão penal e precisa de cuidados psiquiátricos, mas é atravessado por fantasias perversas e, às vezes, é capaz de agir impulsivamente usando o outro, sem consideração por sua pessoa. Tomemos um exemplo entre mil. Relembro o célebre filme de Francis Veber *O jantar dos malas*. É possível reconhecer no personagem vivido por Thierry Lhermitte um comportamento perverso, que consiste em manipular François Pignon, a vítima, convidando-o para um jantar com o único objetivo de rir às suas custas. Eis uma ilustração da perversão do neurótico!

Claro, somos todos neuróticos, mas, sabendo que existem três variantes de neurose, resta saber qual é a nossa. Então, eu pergunto: você é fóbico, obsessivo ou histérico? Esclareço de pronto que não se trata de classificá-lo sob uma etiqueta. Minha intenção ao colocar essa questão é levar você a se reconhecer numa dessas três neuroses ou numa mistura das três. Essa é para mim uma forma de atiçar sua curiosidade a respeito do que você é e da personalidade das pessoas que o cercam. Poderá, assim, afinar o conhecimento intuitivo de si mesmo e ficar mais preparado para gerenciar os inevitáveis conflitos da vida cotidiana.

Existem, portanto, três variantes da neurose: fóbica, obsessiva e histérica; em cada uma delas predomina um sofrimento. De fato, se ouço um paciente que, desde a primeira entrevista, fala de suas crises de *angústia*, estou escutando um *fóbico*; se ele fala do que precisa fazer mas não consegue, ou seja, se fala de sua *impotência*, estou escutando um obsessivo; e, por fim, se ele fala das complicações de sua *vida amorosa*, estou escutando um *histérico*. Essas classificações não se distinguem, evidentemente, de maneira tão cristalina, buscam apenas explicar que uma neurose se cristaliza sempre em torno de uma dessas três emoções maiores, que são a angústia para o fóbico, a impotência para o obsessivo e o amor para o histérico.

Mas passemos à definição da neurose em geral. O que é a neurose? Inicialmente, definirei como um conjunto de seis disfunções de nossa personalidade e, mais tarde, passarei às causas que a provocam. Vou começar, portanto, apresentando as seis disfunções e dando, em cada caso, a palavra à mulher ou ao homem neurótico, tal como ouvi da boca dos meus pacientes.

Lúcia e os quarenta termômetros

- Disfunção 1: *O neurótico é aquele que, embalado por seus sonhos impossíveis, entra em choque com a realidade e, frustrado, vive insatisfeito.*

Lembro das palavras de Nicolas tentando explicar por que se sentia sempre insatisfeito: "Doutor, não sou feliz. Nunca fico contente com o que tenho, com o que faço, nem com o que sou. E o pior, confesso, é que não quero ficar contente. É terrível, mas é isso! Não quero ficar contente para não correr o risco de ficar decepcionado. Prefiro continuar sonhando, pronto para ficar só na vontade". Na verdade, Nicolas é um angustiado que tem muito medo de sofrer ao enfrentar a realidade. Como estou falando de Nicolas, lembrei de outro diálogo que tive com ele a respeito da felicidade. Um dia em que ele repetia sem parar que não era feliz, comentei que, provavelmente, ele se perguntava demais se era feliz ou não, e que a resposta não poderia deixar de ser negativa. Foi nessa ocasião que lhe disse algo que gostaria de dizer a quem me lê: se quiser ser feliz, não fique se perguntando se é feliz ou não. Esqueça e faça o que tiver que fazer! Esquecer de si e mergulhar no instante presente são as duas verdadeiras condições da felicidade.

- Disfunção 2: *O neurótico é aquele que tem uma imagem negativa de si mesmo.*

No caso, por exemplo, de uma mulher fóbica, ela se lamenta em segredo: "Não me amo porque sou muito ansiosa e dependente. Não consigo fazer nada sem que minha mãe ou meu companheiro estejam comigo". No caso de um homem obsessivo, ele resmunga consigo mesmo: "Eu sou um zero à esquerda, desastrado, menos que medíocre. É muito difícil para mim. Nunca vou estar à altura desse cargo que lutei tanto para conseguir". Se for uma mulher histérica, ela fica desolada: "Que idiota que sou! Todos me enganam sempre. Escolho sempre uns caras que não se interessam pela mulher que sou realmente e que só querem saber de cama!". Em resumo, o fóbico sofre por se ver frágil e dependente; o obsessivo por não estar à altura de sua tarefa; e o histérico por se sentir tão ingênuo no amor. Todos sofrem por estar em conflito consigo mesmos, como se uma de suas metades estivesse decidida a demolir a outra. É por isso que meu trabalho de analista é também o de tornar o paciente mais indulgente com ele mesmo.

• Disfunção 3: *O neurótico é aquele que, ao menor sinal, se angustia com a ideia de que seu companheiro vai deixá-lo, que o humilha ou que o engana.*

Atenção! A angústia de que estou falando aqui não é a crise de angústia tão característica do fóbico, mas uma angústia mais global que impregna a vida de todo neurótico. Se o neurótico é fóbico, seu fundo de angústia faz com que diga, a respeito do parceiro: "Sei que ele está aqui, mas tenho medo de que vá embora". Se é obsessivo, ele se angustia dizendo consigo mesmo: "Sei que ele gosta de mim, mas sei também que não vai perder nenhuma ocasião de me criticar na frente de todo mundo". Se é um homem ou uma mulher histérico, se angustia dizendo: "Sei que ele me ama, mas é como todos os outros: vai me trair com certeza!". Mas é preciso ter em mente que todas essas angústias — a de ser abandonado, do fóbico; a de ser humilhado, do obsessivo; e a de ser traído, do histérico

— são temores infundados que inflamam os conflitos. Logo, uma grande parte de minhas intervenções junto aos pacientes neuróticos consiste em relativizar suas ânsias exageradas.

• Disfunção 4, a mais desconcertante: *O neurótico é aquele que tem acessos de perversão.*

De fato, somos dominados, às vezes, por pensamentos malévolos ou por atos inconfessáveis, quando abusamos dos outros sem nenhum escrúpulo. Como se, em certos momentos, não pudéssemos nos impedir de tratar nosso próximo como um objeto de consumo sexual ou como válvula de escape para nossa agressividade, sem levar em conta o que o outro pensa ou quer. Aqui, me vem à mente uma frase de Freud que sempre me impressionou pela violência de sua apreciação, mas também por sua precisão: "O homem não é uma criatura gentil, com o coração ávido de amor. É um ser dotado de uma forte carga de agressividade, que se satisfaz às custas de seu próximo, explorando seu trabalho, utilizando-o sexualmente sem o seu consentimento, humilhando-o, causando-lhe sofrimento, torturando-o e chegando até a matá-lo". Decididamente, o homem é o lobo do homem, segundo o adágio de Plauto, o velho poeta latino do século II a.C.

Vamos tentar ver agora a forma que a perversidade assume em cada uma das variantes da neurose. Se o neurótico é fóbico, às vezes não consegue se impedir de solicitar tão demasiadamente o companheiro que acaba por asfixiá-lo e engoli-lo; se eu tivesse que associar o fóbico a um animal, pensaria numa jiboia, que aperta suas presas até sufocá-las, para depois engoli-las. Se é um obsessivo, às vezes não consegue se impedir de tentar controlar tudo, regulando a vida de seu parceiro a ponto de tiranizá-lo; se eu tivesse que condensar num gesto a atitude do obsessivo, reuniria em minha mão crispada todos os pensamentos, sentimentos e comportamentos de meu parceiro: nada deve me escapar! E se o neurótico é histérico, às vezes não consegue se impedir de seduzir seu companheiro, excitá-lo e, em seguida, frustrá-lo até transformá-lo num brinquedo para seus caprichos; se eu tivesse que condensar num gesto a atitude do histérico, seria o passo do toureiro que atiça o amado agitando sua capa vermelha até esgotá-lo e dominá-lo.

• Disfunção 5: *O neurótico é aquele que se sente culpado por desejar fazer mal ou por ter feito mal à pessoa amada.*

Meus acessos compulsivos de voracidade (se sou fóbico), de sadismo (se sou obsessivo) e de perfídia (se sou histérico) me culpabilizam. Quantas vezes ouvi um paciente dizer, depois de ter cometido um erro imperdoável: "Eu sei. Sei que me comportei como um cretino com Fulano" ou "Eu me odeio. Não devia ter traído Beltrano".

• Disfunção 6, a última: *O neurótico é aquele que adota um comportamento agradável de fachada, destinado a mascarar sua perversidade.*

Temeroso de que seu parceiro, tratado como um objeto, o julgue e o deixe, o neurótico engana e faz de conta. Mostra-se gentil e afável para esconder a fera que dormita em seu coração. Se sou fóbico, escondo meu desejo devorador de grudar em quem amo mostrando-me, ao contrário, excessivamente autossuficiente. Se sou obsessivo, escondo meu desejo sádico de fazer mal a quem amo mostrando-me, ao contrário, gentil e melífluo. Se, por fim, sou histérico, escondo meu desejo malicioso de provocar e depois frustrar a quem amo mostrando-me, ao contrário, excessivamente meigo e amoroso.

Eis, portanto, as seis disfunções neuróticas que deformam nossa personalidade e às vezes tornam nossa existência impossível de ser vivida. Podemos resumi-las assim: o neurótico sofre de insatisfação e, ao mesmo tempo, sua insatisfação lhe traz segurança por estimulá-lo a desejar sempre. Embora ele não se ame, está o tempo todo focado em si mesmo. Chamo esse egocentrismo do neurótico de *narcisismo negativo*. Com essa expressão, quero dizer que o neurótico é muito narcísico não porque se ama, mas porque está sempre voltado para si mesmo e decepcionado com o que é. Muitas vezes, fica angustiado de medo de ser abandonado, humilhado ou negligenciado. Em outras ocasiões, cede a seus impulsos perversos e fica culpado. Enfim, ele faz de conta que é perfeitamente autônomo, muito atencioso ou louco de paixão. Numa palavra, sem excluir as numerosas qualidades humanas de fraternidade, generosidade e amor sincero que demonstramos todo dia, todos nós somos, em graus diversos, às vezes insatisfeitos, muitas vezes egocêntricos, frequentemente angustiados, ocasionalmente perversos e logo culpados e, claro, atores. Talvez você tenha a impressão de que o retrato do neurótico que acabei de esboçar é demasiado cruel. Concordo, mas foi de propósito que forcei a mão até o limite da caricatura para tornar cada disfunção mais eloquente. Creio que você saberá relativizar e reter apenas os traços neuróticos que ecoam na sua pessoa.

Uma última observação importante. O personagem que acabei de pintar é de um neurótico comum, que não apresenta sintomas caracterizados. Distingo assim dois tipos de neurose: a comum, poderia dizer saudável, que não apresenta sintomas, e uma neurose mais severa, patológica, com sintomas como ataques de pânico na fobia, transtornos obsessivos compulsivos na obsessão ou transtornos somáticos na histeria.

VAMOS CONSIDERAR AGORA a neurose do ponto de vista das causas que a provocam. Como alguém se torna fóbico, obsessivo ou histérico? A definição clássica da neurose diz que se trata de uma afecção psicogênica, ou seja, um distúrbio cuja causa não é orgânica, mas psíquica. Prefiro, no entanto, ir mais longe e precisar que a causa psíquica da neurose é, de fato, uma hipertrofia do imaginário em consequência de um trauma infantil. Chamo esse imaginário doente, que tem efeitos nefastos e duradouros na vida do neurótico, de *fantasia*. O que é a fantasia? É uma fábula inventada por uma criança, futuro neurótico, marcada pela brutalidade do trauma que acabou de sofrer. A fantasia é como um instantâneo do trauma, impresso na cabeça e no coração da criança traumatizada. Completamos nossa definição de neurose dizendo: a neurose é uma afecção provocada por uma fantasia que se instalou de modo duradouro no inconsciente de uma criança traumatizada e que, como um fogo inextinguível, está na origem das seis disfunções neuróticas do adulto, que acabamos de ver.

Esquematicamente, a formação da neurose ocorre em três tempos:

1. No princípio, a criança ou o adolescente sofre um *trauma*, causa inicial da neurose.

2. Em seguida, em sua cabeça se instala uma *fantasia*, causa permanente que sustenta o estado neurótico durante toda a vida.

3. Por fim, a personalidade do adulto que foi uma criança traumatizada é uma personalidade neurótica, ou seja, alterada pelas *seis disfunções* que já conhecemos.

Resumindo numa frase: não há neurose sem uma fantasia que a sustente e não há fantasia sem o trauma que está em sua origem.

Vamos começar estudando o *trauma*, um acontecimento violento que consiste no impacto de uma excitação excessivamente forte num ser imaturo, que não tem meios psíquicos para amortecê-lo. Para que você compreenda melhor o que é um trauma, gostaria que ouvisse André, um paciente adulto, vítima de um abuso sexual na infância: "Menino de seis anos, sofri um violento trauma que quebrou meu ser ainda inacabado e fez voar aos pedaços a doçura de minha vida. No instante em que senti a mão de meu tio acariciando meu sexo, fiquei petrificado. Sentia que algo terrível estava acontecendo comigo. Sem saber o quê. Eu parecia pregado no chão, incapaz de reagir. Não conseguia nem gritar, nem fugir. Sinto até hoje a sensação atroz dos dedos descendo pelo meu ventre. Guardo na memória o horror insuperável de estar à mercê de um monstro".

Eis a experiência vivida por uma criança no momento do trauma, sem esquecer que seu cérebro foi atingido no nível das conexões interneuronais. Referindo-me sempre ao trauma infantil, gostaria de me deter num aspecto muito importante. O acontecimento traumático pode ocorrer de uma só vez e violentamente, como no caso de André, ou em várias vezes, sob a forma de um acúmulo de microimpactos traumáticos, aparentemente inofensivos, como podem ser as carícias demasiado sensuais e inocentes de uma mãe em seu filho.

A PROPÓSITO DOS MICROTRAUMAS, gostaria de apresentar o exemplo de Lúcia, uma menina de dez anos que recebi em análise faz algum tempo. No primeiro dia, antes de terminar a entrevista com a menina, que sofria de crises de raiva, pedi à mãe, que aguardava na sala de espera, que se juntasse a nós. Logo que entrou, a mãe, uma mulher que, ao que tudo indicava, sofria de uma neurose obsessiva severa, contou, para minha grande surpresa, que introduzia um termômetro no ânus de sua filha quatro vezes por dia, ansiosa para certificar-se de que Lúcia não tinha febre! Ao ouvi-la, repliquei de imediato: "A senhora precisa parar de tirar a temperatura da menina! Há quanto tempo controla com tanta frequência a febre de sua filha?". E ela respondeu: "Mas, doutor, Lúcia sofre de uma doença rara e o professor Dumoncel me pediu que, em caso de febre, eu a levasse de imediato para o pronto-socorro". "Certamente", falei, "mas tenho certeza de que o professor nunca recomendou que tirasse a temperatura de sua filha quatro vezes por dia e menos ainda por via retal! Atenção! A senhora tem razão de controlar a temperatura de Lúcia, mas as crianças são muito sensíveis quando se toca com tamanha insistência as partes íntimas de seu corpo." Foi o que respondi a essa mãe altamente intrusiva e traumatizante. Encerrei a entrevista dizendo: "Se-

Lúcia e os quarenta termômetros

nhora, peço-lhe que da próxima vez me traga todos os termômetros que tiver em casa". Imagine que a mãe retornou na semana seguinte com uma nécessaire cheia de termômetros. E eu perguntei: "Quantos termômetros a senhora tem aí?". "Não sei, doutor, uns quarenta talvez." "Prefiro que os deixe de lado e tire a temperatura de sua filha com um termômetro frontal, por exemplo." "Justamente", disse ela, "tenho um também, mas não funciona nunca!" Ela aproxima o termômetro da testa da filha e da sua própria repetidas vezes para demonstrar que esse tipo de instrumento não é confiável. "Veja, doutor! Às vezes dá 36 graus, às vezes 37 e até 38. Pode testar no senhor mesmo, e vai ver que não funciona!" Ela tinha razão. Na minha testa o termômetro indicava 39 graus, o que era evidentemente um erro, já que eu não estava doente. Era engraçado! Estávamos os três testando nossas temperaturas na testa. Imagine a cena! Resolvi encerrar a sessão dizendo: "Está bem, o termômetro frontal não funciona, mas a senhora não pode continuar a tirar a temperatura retal de Lúcia quatro vezes por dia. E se ficar angustiada antes da próxima sessão, pensando que Lúcia pode estar com febre, não hesite em me telefonar".

Eis um exemplo preocupante de microtraumas repetidos. Se em vinte anos um psicanalista receber Lúcia, já mulher, queixando-se de contrações dolorosas durante as relações sexuais e ficar se perguntando que trauma teria dado origem a esse distúrbio, eu aconselharia: "Caro colega, se não encontrar um acontecimento traumático único, busque então prováveis microefrações traumáticas ocorridas na infância de sua paciente. E procure ver também, mais abrangentemente, se sua mãe não foi superprotetora e intrusiva demais. Talvez possa compreender, enfim, os motivos do sofrimento dessa jovem mulher".

MAS VOLTEMOS ÀS TRÊS NEUROSES e aos traumas infantis que são sua causa inicial. Se recebo um paciente adulto que se queixa de grandes angústias *fóbicas*, penso que encontrarei em sua infância ou adolescência um trauma de *abandono*, como o afastamento da mãe ou do pai divorciado, a morte repentina de alguém muito querido ou ainda a rejeição por parte de um dos pais. Se recebo um paciente adulto que se queixa de remoer incessantemente os seus arrependimentos e dúvidas *obsessivas*, penso que encontrarei em sua infância ou adolescência um trauma devido a maus-tratos físicos ou morais, como castigos corporais ou contínuas humilhações. Se, como imaginamos em relação a Lúcia, recebo uma paciente adulta que se queixa de problemas psicossexuais de caráter *histérico*, penso que encontrarei em sua infância ou adolescência um trauma devido a *abusos sexuais*, como aquele sofrido por André, ou a microtraumas erotizantes como os que a pequena Lúcia teve que suportar. Numa palavra, quando recebo um paciente neurótico em sofrimento, penso comigo que ele foi uma *criança abandonada*, uma *criança maltratada* ou uma *criança abusada* ou *excessivamente erotizada*. Apresso-me a acrescentar aqui uma precisão importante a respeito do trauma na origem da neurose. Os três traumas que acabei de descrever são rupturas violentas que lesaram de maneira profunda o eu da criança ou do adolescente, provocando neuroses severas na idade adulta. Ora, a vida me ensinou que a maioria de nós, neuróticos comuns que não apresentam sintomas sérios, passamos em nossa juventude por psicotraumas que afetaram nosso eu, mas sem lesá-lo. Chamo esses psicotraumas leves de *psicotraumas de crescimento*. Por que de crescimento? Porque são, com certeza, provas dolorosas, mas necessárias ao desenvolvimento de nossa personalidade. Penso na provação que pode representar o nascimento de um irmãozinho, o divórcio dos pais ou a morte de um avô, por exemplo, todos psicotraumas de crescimento que, uma vez superados, nos ajudam a amadurecer, mesmo tendo nos neurotizado. Em suma, temos psicotraumas violentos na origem das neuroses severas, com sintomas, e psicotraumas de crescimento na origem das neuroses comuns, sem sintoma.

Passemos, então, ao segundo elo da formação de uma neurose, a saber, a *fantasia*. Eu disse antes que ela é uma fábula inventada por uma criança em reação a um trauma que acabou de sofrer e disse também que ela era o fogo inextinguível que governa o coração e a cabeça do neurótico. Gostaria, contudo, de ser mais preciso. O que é a fantasia? É uma "fotorrecordação" do trauma impressa na memória inconsciente da criança. É uma cena simples, de marionetes, uma cena infantil onde atuam dois personagens, o bom e o mau; o mau abandona, maltrata ou abusa sexualmente do bom. Em outras palavras, a fantasia reproduz a cena da agressão traumática, seja ela uma cena de abandono, de maus-tratos ou de abuso sexual. É importante observar que nós não visualizamos essa cena infantil. Não a vemos, mas a encenamos e reencenamos sem saber em todos os nossos comportamentos afetivos. O neurótico está à mercê de sua fantasia infantil dos bons e dos maus, de tal maneira que classifica os humanos em duas categorias: os fortes e os fracos, os dominadores e os dominados, os canalhas e as vítimas. Quando, por exemplo, nos angustiamos com a ideia de que nosso companheiro pode nos deixar, nos humilhar ou nos enganar, damos a ele, sem perceber, o papel do malvado e ficamos com o papel de vítima. Em compensação, se num acesso inconfessável de perversão tratamos nosso companheiro como um objeto, que abandonamos, humilhamos ou traímos, desempenhamos sem perceber o papel do mau perverso e damos a ele o de vítima inocente. Mas quando nos sentimos seja diminuídos e angustiados, seja onipotentes e dominadores, não percebemos que estamos agindo como crianças sob o jugo de uma fantasia infantil, da qual não temos consciência. Indiscutivelmente, o neurótico adulto continuou a ser uma criança, ora angustiado, ora malvado, ora insatisfeito, culpado e farsista.

Chegou a hora de concluir. Gostaria de encerrar este relato com uma frase que resume o impulso que me aproxima do paciente neurótico que está diante de mim: ensiná-lo pouco a pouco a amar o que tem, amar o que fez e amar o que é.

O buquê do amor, ou O amor no casal

O AMOR! O amor! Ah, o amor! O amor é uma necessidade, a necessidade de amar, de sair de si em direção ao outro, apegar-se a ele, possuí-lo e dar-lhe tudo. Mas o amor é também a necessidade de ser amado, de sentir-se esperado, de sentir que sou importante para o outro, até mesmo indispensável. Preciso dizer e repetir: amar e ser amado não é uma escolha, mas uma necessidade vital. Não podemos não amar!

Mas vamos devagar. Gostaria de propor uma visão do amor no casal, tal como me foi inspirada por meu trabalho de psicanalista. Antes de tudo, é importante precisar que as observações que se seguem referem-se sobretudo ao amor na relação entre um homem e uma mulher, pois a maioria dos casais que me consultam são constituídos por homens e mulheres, às vezes casados, às vezes numa união estável ou simplesmente vivendo juntos. No entanto, é cada vez mais frequente receber casais de homens ou casais de mulheres. Peço, portanto, ao leitor ou à leitora que fundou um casal com um parceiro do mesmo sexo que me leia sabendo que também é deles que estou falando, mesmo que não me refira explicitamente ao casal homossexual. Considero que a essência do amor num casal é a mesma, qualquer que seja a identidade sexual dos protagonistas. Quanto à pessoa que vive sozinha, minhas observações sobre o amor despertarão a lembrança de uma desilusão de amor ou trarão a esperança de um novo e doce amor.

Ouça o maravilhoso poeta/músico Jacques Brel cantando "Quand on'a que l'amour", quando só se tem o amor: a letra que ouvirão fala de um apaixonado que grita sua paixão com todas as suas forças; quando amamos, diz ele, somos ricos porque acreditamos numa felicidade futura. Ser rico é acreditar, acreditar no futuro!

AGORA, entremos juntos em meu consultório. Recentemente, um de meus pacientes, que atravessava um período difícil de dúvida sobre seu casamento, me perguntou: "Não sei se amo Sophie de verdade. Como saber se ainda a amo?". Dei-lhe duas respostas. A primeira foi lembrar que só conhecemos a profundidade de um amor quando o perdemos. No dia em que você não tiver mais o seu amado, saberá quanto o amou. Nunca sentimos tanto a ausência de alguém quanto no momento em que percebemos a falta que nos faz. A outra resposta dizia respeito à própria natureza da emoção amorosa. Disse-lhe que o amor não é um sentimento homogêneo, puro, mas uma mistura de vários sentimentos e que, para saber se amava de verdade, deveria tentar encontrar em si a maioria das emoções que compõem o amor. Depois dessa sessão, me veio a ideia do amor como um buquê de emoções. De fato, ele seria um magnífico buquê de flores que temos nas mãos, como no luminoso quadro de Picasso *Mãos com flores*, de 1958. Foi assim que a expressão *buquê do amor* me veio à mente. Um buquê formado por doze flores, cada uma representando uma

O buquê do amor, ou O amor no casal

das emoções amorosas. Quero, então, descrever em detalhes, uma após a outra, as diferentes flores do amor.

Antes de mais nada, porém, preciso definir a mão que segura o buquê, ou, se você preferir, propor uma definição do amor válida para todas as flores. O que é, então, o amor? O amor é em essência um apego, o mais visceral dos apegos, à pessoa que, só pelo encanto de sua presença, promete, sem dizer uma palavra, me fazer feliz. Amo a pessoa que me faz acreditar, sem a menor intenção de ludibriar, que com ela e só com ela estarei plenamente satisfeito amanhã. Sei, é claro, que nenhum ser na Terra poderia me proporcionar a felicidade suprema, e mesmo assim não deixo de me apegar a esse ser e fazer de tudo para que corresponda às minhas expectativas. Ora, o amor é justamente essa expectativa ilusória. Sim, o amor é antes de tudo uma ilusão, uma promessa, a promessa de uma felicidade que sabemos ser impossível. Amo aquele que, pela magia de sua pessoa, me faz acreditar na felicidade futura. Dirigindo-se a seu parceiro, quem ama diz: *Esperando a felicidade, estou feliz e às vezes infeliz por amar você. Sim, apesar de nossas inevitáveis cenas de casamento, eu te amo profundamente, esperando que um dia você cumprirá a promessa de me dar o que me falta. E eu suscito em você, igualmente, a esperança de que um dia cumprirei minha promessa de te dar o que te falta.* É assim, sem que as promessas jamais se cumpram, sem que a felicidade sonhada jamais aconteça, que somos felizes e infelizes no amor, que nossos corpos se unem, que nossos filhos nascem e uma família se forma. Sem dúvida, nossas ilusões são virtuais, mas são também uma fonte fervilhante de vida. Graças ao virtual, engendramos o real. Graças à miragem do amor, trazemos ao mundo uma criança. Do não ser, engendramos o ser.

Acabei de definir o amor como uma ilusão. No entanto, no começo deste relato eu o defini como uma necessidade. O amor é ao mesmo tempo uma ilusão e uma necessidade. Se pensamos nele como ilusão, vamos defini-lo como a felicidade a que aspiramos, e o amor é, então, um astro cintilante. Se, ao contrário, pensamos nele como necessidade, vamos defini-lo a partir de sua fonte carnal, e o amor é, então, uma necessidade urgente, a necessidade física de ligar-se ao ser amado, de apertá-lo nos braços e sentir o prazer partilhado de amar e ser amado. Resumindo numa frase: não posso me impedir de buscar um ser, me apegar a ele e amá-lo. Não posso não amar! Preciso amar. Nosso corpo sempre tem fome de outro corpo e nossa alma, sede de outra alma. Crianças imaturas, fomos todos naturalmente levados a nos apegar à nossa mãe e a depender dela. Depois, continuamos inclinados a nos apegar a um eleito, àquele ou àquela cujo corpo nos atrai, cuja presença nos tranquiliza e que nos anuncia a felicidade. Como se fôssemos movidos por uma saudável pulsão de possuir, por uma irresistível tendência a nos apropriar de um homem ou de uma mulher, a conferir-lhe o poder de nos fazer felizes, a nos apegar fortemente e a despejar sobre o eleito uma torrente de amor. Lembrei aqui de um trecho de *Mademoiselle de Maupin*, no qual Théophile Gautier define o amor-necessidade com uma metáfora brilhante: "Tenho em mim um tesouro de amor com o qual não sei o que fazer e que me pesa horrivelmente. Se não encontrar meio de compartilhá-lo, vou morrer, arrebentar como esses sacos abarrotados de dinheiro que se rasgam. Ah, se eu pudesse amar alguém!". Chamo essa necessidade de amar de *pulsão de amar* ou, com mais graça, de *amância*. Nesse termo, amância, condenso as palavras "amar" e "tendência",

O *buquê do amor, ou O amor no casal* 61

para designar nossa inclinação espontânea a ir até o outro, possuí-lo ou fazermo-nos possuir por ele.

Estando definido o amor, portanto, como ilusão e como necessidade, vamos isolar as flores do buquê, cada uma delas sendo representante de um dos doze impulsos amorosos.

A PRIMEIRA FLOR DO BUQUÊ, a mais importante de todas, é a sexualidade, o *desejo sexual*. Digo que é a mais importante de todas porque, sem o sexo, o amor do casal transforma-se em ternura, amizade ou fraternidade. Com o sexo, o amor do casal se inflama, colorindo-se de paixão e consolidando-se. Não estou dizendo que um casal enfraquecido por um desacordo sexual ou pela ausência de atividade sexual vai forçosamente se separar. Não! Queria apenas destacar a importância do prazer sexual para o bem-estar psíquico dos parceiros. Algumas mulheres, insatisfeitas sexualmente, sentem-se negligenciadas. Por quê? Por associarem muito estreitamente sexo e ternura, elas sentem o ato sexual como um inebriante ato de amor. Se não se sentem desejadas, não se sentem amadas. Num casal realizado, nos momentos mais ardentes da abordagem sexual o homem amoroso declararia assim seu desejo à parceira: *Se meu corpo pudesse falar, ele gritaria: não posso mais, eu quero você. E ouço o eco do seu corpo respondendo: quero me fundir em você, quero que você me possua.* E o homem prosseguiria: *Mais do que a satisfação egoísta de um orgasmo, ficaria mais feliz se chegássemos juntos ao êxtase, nós dois como uma só pessoa.* Desejar sexualmente o parceiro é mais que querer alcançar o prazer de um orgasmo, é estar nus juntos, excitar-se mutuamente, sentir o perfume de nossas peles, brincar e rir no fogo de nossas sensações até nos esquecermos de nós.

Vamos à segunda flor do buquê. Na verdade, meu amado é uma *fantasia*. *Eu o amo não apenas pelo que ele é, mas por aquilo que imagino que seja.* Assim, nosso parceiro é uma mistura de realidade e sonho, um ser híbrido: meio real, meio fantasiado. Nós o amamos e, ao amá-lo, forjamos imaginariamente o ser que amamos. Nós criamos aquele que amamos.

A terceira flor do buquê é a *admiração*. Não posso estar enamorado de alguém sem o idealizar. Admiro a pessoa que amo, qualquer que seja o campo em que ela brilhe. Posso admirá-la, por exemplo, por seu bom humor apreciado por todos, por suas qualidades de pai ou ainda por seus talentos de cozinheiro. "Meu companheiro", dizia Stéphanie, "é um verdadeiro chef! Prepara um pato com laranja como ninguém!"; "Minha companheira", festejava Bernard, "acabou de ser nomeada prefeita! Estou orgulhosíssimo". Amar é admirar com o coração.

A quarta flor do buquê é o *narcisismo*. Sabemos que amar é se amar, pois o amado nos devolve uma imagem positiva de nós mesmos. No entanto, além da imagem gratificante que o amado nos devolve, ele revigora nosso ser. Assim, eu diria: *Eu te amo tanto pelo que és, quanto por aquele que sou quando estou contigo.*

A quinta flor do buquê tem a mesma cor que a do narcisismo: trata-se da *autoestima*. Seguramente, o amor, indo ao outro e vindo do outro, alimenta nossa autoestima. É por isso que *amo aquele que me faz feliz e orgulhoso de ser eu mesmo e que eu faço feliz e orgulhoso de ser ele mesmo.* Que bela definição da amizade! Pois o que é um amigo senão aquele que me reforça na estima de mim mesmo? Ser amigo num casal é mais uma maneira de amar e de se amar.

A sexta flor do buquê é uma rosa com espinhos. É a díade *satisfação-frustração. Amo aquele que ora me satisfaz, ora me frus-*

O buquê do amor, ou O amor no casal   63

tra. O amado me satisfaz, mas é também aquele que, pelo simples fato de ser diferente, me limita, reprime minhas vontades, me frustra, me exaspera, me dá raiva e, às vezes, me faz sofrer. Num momento meu amado é o mais adorável dos parceiros, no momento seguinte, o mais insuportável. Ele é, definitivamente, um gênio de duas caras: me dá asas e logo as corta. Como se pode ver, o amor é uma deliciosa neurose que faz sofrer.

A sétima flor do buquê também tem espinhos. Trata-se da *culpa*. *Amo aquele que me faria ficar culpada se eu o fizesse sofrer ou pensasse em lhe fazer mal.* Sentir-me culpado em relação ao meu amado é um dos sinais mais claros de que estou enamorado. Sofrer por nosso parceiro é, de todos os sentimentos que nos ligam a ele, o mais resistente. Quando todas as flores do amor murcham, a flor da culpa se ergue, invencível.

A oitava flor do buquê é a *solicitude*, a preocupação com o bem-estar daquele que amamos. O amor é sempre reparador. Assim, o apaixonado cuida de seu amado quando ele atravessa um momento difícil, está se sentindo enfraquecido ou doente, pois cuidar do outro é também cuidar do laço que nos une. A solicitude no casal não é, no fundo, mais que uma fidelidade ao próprio amor. Assim, diríamos: *Amo aquele de quem eu cuido e que cuida de mim*, mas sobretudo, *Amo o casal que formamos*.

A nona flor do buquê é a *consolação*. *Amo quem ouve minhas queixas e suaviza minhas angústias.* Meu amado sabe encontrar as palavras que me consolam ou guardar o silêncio que me tranquiliza.

A décima flor do buquê é mais uma vez uma rosa com espinhos, é o *medo de ser abandonado*. Curiosamente, *amo aquele que eu temo que me deixe*. Poderia até dizer: se não sinto o temor de ser abandonado por aquele que amo, por mais leve e fugaz que seja esse temor, não estou enamorado de verdade. O temor de ser deixado é inerente ao amor: quanto mais amo e mais sou feliz por amar, mais temo a dor que sentiria se fosse abandonado um dia.

A décima-primeira flor do buquê tem igualmente seus espinhos. Trata-se do *ciúme*. Também pode parecer estranho, mas *amo aquele que me provoca ciúme*. Embora às vezes possa ser devastador, o ciúme é um sentimento perfeitamente normal, pois não existe verdadeiro amor sem ele. Por quê? Porque o amor é naturalmente possessivo e porque é próprio do apaixonado exigir exclusividade. Assim, o ciúme é a exacerbação de nossa saudável e irresistível possessividade amorosa.

A décima-segunda flor do buquê é a *dependência*. *Dependo daquele que amo*. Ao contrário do que muitos de nós imaginamos, não existe amor sem dependência. Se o amor é um apego, seu cimento é a dependência. Mas qual? É preciso distinguir dois tipos de dependência amorosa. Uma nociva, quando aquele que ama tem horror de sentir-se sufocado no casal e teme perder sua liberdade. E uma dependência saudável, quando quem ama não se pergunta se é ou não dependente de seu amado. Ele vive a dependência e está feliz com isso. Sente-se profundamente enamorado e bem o suficiente consigo mesmo para não ter medo de ser submisso ao amado do qual depende.

Concluo. Quando desejo sexualmente o meu amado, quando o admiro, quando sabemos nos reconciliar depois de uma briga, quando me sinto culpado por tê-lo ferido, quando cuido dele ou tenho medo de perdê-lo, quando me sinto feliz de ser eu mesmo em sua presença e, sobretudo, quando todos esses impulsos conjugados me transportam para ele, penso, sem he-

O buquê do amor, ou O amor no casal

sitar, que sou o mais enamorado dos homens ou a mais enamorada das mulheres.

Na última parte deste relato, gostaria de responder a uma pergunta que muitos pacientes me dirigem. Nos dias de hoje, dizem eles, um número cada vez maior de casais se fazem e se desfazem. É próprio da natureza do amor ser efêmero? O amor num casal é capaz de passar na prova do tempo? Respondo com convicção: não tenham dúvida de que o amor pode ser duradouro! É verdade que hoje, assim como nos escolhemos livremente e muitas vezes com paixão, também nos deixamos diante do menor desacordo. Ao caráter repentino do fogo de palha corresponde a violência de uma separação impulsiva. É como se os membros do casal não se reservassem o tempo de construir e reforçar sua união. A vida a dois é como um organismo vivo que é preciso alimentar de modo contínuo, uma planta que precisa de luz, cuidados e paciência, sobretudo paciência. Às vezes, a planta morre prematuramente, às vezes cresce com vigor. Isso depende da maneira como os parceiros mantêm sua relação amorosa. Ora, para cuidar melhor dela, é preciso saber, antes de mais nada, que o sentimento amoroso evolui e amadurece com o passar dos anos. É evidente que ninguém se ama da mesma maneira aos vinte e aos sessenta anos. Além do mais, o amor é muito diferente no começo, no meio e no fim da relação. No começo dominam a felicidade de estar juntos e o desejo de realizar projetos comuns; em seguida, depois de inevitáveis desilusões, os ajustes se impõem e redescobre-se o amado sob uma luz nova numa realidade nova. E assim, o amor evolui. Claro que, no curso de uma vida, atravessamos provas que nos transformam, física e mentalmente. Ora, a arte da parceria de um casal sólido é acompanhar o outro em suas imprevisíveis variações, como um dançarino que se amolda ao novo ritmo de seu par.

Para terminar, permito-me acrescentar uma observação prática sobre as crises conjugais e a duração da vida do casal. Não existe casal sem crises, pois a crise faz parte do difícil equilíbrio da vida a dois. O problema não é evitar as crises — elas são inevitáveis —, mas aprender a superá-las para, em seguida, reencontrar a bonança. Ora, a primeira regra para superar uma crise é não ficar amuado, não deixar a cólera tomar conta por mais de meia hora e saber retomar rapidamente os gestos do cotidiano. Não há nada mais corrosivo para o amor que o ressentimento. Se deseja que sua união dure, não fique se perguntando se ela vai durar, nem quanto tempo ela vai durar. É o mesmo conselho que dou aos que se questionam sobre a felicidade, dizendo: não se pergunte se é feliz; se você se fizer essa pergunta, vai responder negativamente e se angustiar. Em suma, não erga os olhos para o céu para observar nuvens quiméricas ou ameaçadoras: traga a cabeça para baixo, olhe o caminho e avance ouvindo os passos daquele ou daquela que caminha a seu lado, que você ama e que ama você.

"Meu bebê morreu!"

A HISTÓRIA QUE VOU CONTAR agora é uma história trágica, uma história de vida, morte e luto da qual fui uma testemunha extremamente comovida. Embora esse drama tenha ocorrido há mais de dez anos, sua lembrança permanece viva e tenaz na memória do psicanalista e do pai que sou. A história que lerão é triste, difícil de escrever, no entanto sinto necessidade de revivê-la com você para compreendê-la melhor. É a história de Helena, mãe fulminada pela dor quando, três dias depois de parir um menino, o médico anunciou que seu bebê estava morto.

Mas vamos começar pelo começo. Helena tem 37 anos, é diretora de uma imobiliária e vive em Paris com o marido, professor de italiano num liceu. Ela veio me consultar muito angustiada porque sofria de uma infertilidade inexplicada, que resistia a todos os tratamentos. Apesar dos repetidos fracassos médicos, Helena não renunciou ao desejo de ser mãe algum dia. No curso dos dois primeiros anos da análise, tentamos identificar as causas psicológicas da infertilidade e tratar as consequências desse problema nas relações amorosas do casal; sabemos que a infertilidade pode enfraquecer o desejo sexual dos parceiros e sufocar a espontaneidade em suas relações íntimas. A propósito da vida conjugal dos meus pacientes, presto muita atenção no que pensa e sente o cônjuge do paciente. No caso de Helena não foi diferente, e eu quis saber do envolvimento do marido no projeto de ter um filho e no recurso à procriação medicamente assistida. Mas, além do problema de infertilidade, enfrentamos com Helena certos acontecimentos dolorosos de seu passado, tendo sempre em mente a espera por uma incerta gravidez.

Tinham se passado dois anos desde o início da análise quando, ao chegar de manhã para a sessão, antes mesmo de se deitar no divã, Helena olhou para mim, com o rosto radiante de felicidade, e exclamou: "Ganhamos! Estou grávida! Grá--vi-da! Está me ouvindo?". Tive então o sentimento de quem compartilha uma vitória, a vitória de todos os que a acompanharam na esperança dessa gravidez. Pensava sobretudo em Luca, o marido, que foi sempre tão presente, e no ginecologista de Helena, um eminente especialista no tratamento da infertilidade. Durante os nove meses da gravidez, nossas sessões passaram por fases intensas em que Helena, muito inquieta, se angustiava com a ideia de eventuais complicações da gestação, ou, ao contrário, excitava-se com a aproximação do feliz acontecimento. Por fim, a hora do parto chegou e ela deu à luz um lindo bebê. Nesse dia, o dia tão esperado, ela me telefonou da maternidade para anunciar com triunfo a chegada ao mundo de um menininho, que se chamaria Enzo em homenagem às origens italianas do pai. Encantado ao vê-la transbordante de felicidade, cumprimentei-a calorosamente.

Três dias depois, fiquei espantado ao receber um segundo telefonema bem diferente do primeiro. Com uma voz que mal se ouvia, Helena gemeu: "Doutor, meu bebê morreu!". "Como?! O que você disse?", exclamei. "Enzo morreu essa noite no berçário. Ninguém sabe o que houve." Ao ouvir essas palavras terríveis, só consegui balbuciar: "Mas é impossível! Não faz

"*Meu bebê morreu!*"

sentido!". Quando tentei saber mais, Helena já tinha desligado. Nas semanas seguintes, como eu já esperava, minha paciente não deu mais notícias. A experiência me ensinou que a pessoa enlutada, arrasada por uma perda violenta, não quer ver nenhum dos que a viram feliz no tempo em que o ente amado ainda estava vivo. Cheguei a pensar que minha paciente não retomaria as sessões, porque eu estava intimamente associado à sua luta contra a infertilidade, à vitória que foi a gravidez, à alegria do nascimento e, agora, à dor inumana de uma perda inconcebível. Sem dúvida, depois de tal catástrofe, Helena não prosseguiria a análise comigo. Mas a realidade foi bem outra.

De fato, algumas semanas após a morte de Enzo, fiquei surpreso e contente ao ouvir Helena ao telefone dizendo que queria me ver. Marcamos um encontro naquele fim de tarde. Ao recebê-la na sala de espera, deparei-me com uma mulher extenuada de sofrimento. Ela não tinha mais forças para se deslocar sozinha; uma amiga teve que acompanhá-la. Era um corpo esvaziado de sua alma, arrastando-se até o consultório e deixando-se cair na poltrona. "Eu perdi tudo", disse ela, com uma voz apagada. "Só me restam lembranças, os olhos azul-escuros do bebê me olhando, sempre as mesmas imagens desfilando em minha cabeça. Mas agora ele está morto." "O que aconteceu afinal?", perguntei. "Ninguém sabe. O bebê morreu no berçário, no meio da noite, enquanto eu dormia. De madrugada, o médico veio informar a morte do meu filho sem conseguir me dar motivos. Fiquei destroçada! Mesmo agora, neste instante em que estou lhe falando, não consigo acreditar que ele não está mais aqui. Confesso que, se o pediatra tivesse permitido, eu teria ficado no quarto com meu bebê morto, para apertá-lo contra meu peito, niná-lo, e nós dois dormiríamos

juntos por muito, muito tempo..." Ela se interrompeu brusca-
mente, explodindo em soluços. Meu coração gelou diante daquela mãe desconsolada que tentava se fundir com seu bebê na
morte. Mas veja bem, Helena não queria morrer, não falava em
suicídio. Ela só queria abraçar para sempre o seu bebê inerte
e reinsuflar-lhe a vida.

GOSTARIA, aqui, de deter-me um pouco sobre a natureza do
luto de Helena. Saiba que um luto, por mais doloroso que seja,
não é uma doença nem uma depressão. É bem verdade que Helena estava destruída pelo desaparecimento de seu filho, mas
ela mantinha seu amor-próprio, não se odiava nem queria se
suicidar, dois sintomas característicos da depressão. No *luto*, o
enlutado preserva a autoestima, mantém o amor-próprio — é
o caso de Helena; na *depressão*, essa autoestima se perde; e na
melancolia, o mais alto grau de depressão, o ódio de si mesmo
destrói o eu.

Mais uma palavra acerca da estranha necessidade de Helena de ficar um longo tempo no quarto com seu bebê morto.
Muitos pesquisadores que estudaram casos de natimortos ou
de crianças que morreram pouco tempo depois de nascer reco-
mendam ao pessoal médico encarregado dos cuidados paliati-
vos em neonatologia que incentivem os pais que acabaram de
perder seu filho a ficar um bom tempo com seu bebê morto,
tocá-lo, beijá-lo e, como Helena desejava, apertá-lo nos braços.
Nesse mesmo espírito, devo sublinhar a importância para os
pais enlutados de dar uma sepultura ao pequeno defunto, escrever seu nome numa lápide, diante da qual possam prestar
homenagem. Os funerais são indispensáveis para os pais, pois

"Meu bebê morreu!" 71

permitem que compreendam que seu filho desapareceu definitivamente e que doravante só poderão amá-lo em pensamento. Diríamos também que os funerais assinalam para todas as pessoas enlutadas a passagem do corpo morto do ente querido falecido para sua imagem venerada. Sabemos que desde a origem dos tempos o ser humano precisa de rituais, de símbolos e de palavras. O que é um símbolo? É uma coisa, não importa qual, que ocupa o lugar de uma outra e a representa. Assim, a sepultura e os rituais funerários são os símbolos sagrados que representam o ente perdido que amaremos para sempre.

Mas, falando em sepultura, não posso deixar de partilhar com você uma lembrança recente. Visitando nesse verão um modesto cemitério na Bretanha, eu percorria uma das aleias sombreadas de ciprestes quando, de repente, descobri uma pequena lápide de mármore branco com uma epígrafe que me comoveu profundamente, gravada em letras de ouro: *Sou um bebê de oito meses. Deixo esta terra sem nunca ter conhecido as alegrias e as dores de uma vida comum.* Eu lia e relia essas palavras sem conseguir me afastar dali. Ouvia o bebê morto falar, dirigindo-se a nós, os vivos; era a morte falando à vida.

MAS RETORNEMOS À NOSSA PACIENTE Helena, na tarde em que veio me ver para retomar sua análise. Ao vê-la derrotada, afundada na poltrona, pensava comigo que a dor extrema de uma mãe que acabou de perder seu filho poderia ser comparada à sensação atroz de perceber os ossos de nosso corpo separando-se uns dos outros. Naquele momento, tive a impressão de que todo o meu saber sobre a dor do luto de nada me servia diante daquela mulher esmagada pelo sofrimento. Nossos olhares se cruzavam e se evitavam: o dela por cansaço, o meu por pudor. À exceção de algumas palavras trocadas, nosso encontro estava por um fio. Estávamos resignados a ser fracos juntos: Helena arrasada por seu indizível desespero e eu paralisado, sem saber o que fazer ou dizer, apenas tentando sentir o que sentia aquela mãe mutilada na alma. Sabia que, se eu chegasse a imaginar sua dor e a senti-la, teria uma chance de encontrar as palavras capazes de consolá-la. Mas sabia também que a dor de Helena, por mais insuportável que fosse, era um estremecimento de vida, a última proteção contra a loucura. Enquanto a dor do luto é uma crispação do ser, a loucura é a sua ruptura. É verdade que Helena sofria imensamente, mas não estava louca. No entanto, desde a morte de seu bebê, ela temeu várias vezes perder a razão, pois teve algumas alucinações fugazes. O sofrimento de um enlutado pode ser intenso a ponto de assumir a forma de uma alucinação ou de um delírio passageiro sem que, por isso, a pessoa necessite de uma abordagem psiquiátrica. Lembro-me de uma sessão em que Helena contou que na noite anterior, sozinha em casa, sentira tão fortemente a presença de seu bebê que o viu, com seus próprios olhos, deitado no grande leito de seu quarto, olhando-a fixamente.

Depois da tarde em que nos reencontramos, ela retomou as sessões regularmente e pude acompanhá-la, no tempo da análise, no percurso de um luto que, no caso de uma mãe que perdeu o filho, será sem dúvida um luto sem fim. Mas o que é um luto? Quando falei da autoestima, distingui o luto, a depressão e a melancolia. Gostaria agora de apresentar duas definições do luto que vão nos ajudar a compreender qual era o meu objetivo no trabalho empreendido com Helena: *O luto é um tempo, o tempo necessário para que aceitemos viver com a au-*

"Meu bebê morreu!"

sência daquele ou daquela que amamos, que acabamos de perder e que continuamos a amar. Ora, aceitar viver com a ausência do amado desaparecido não significa esquecê-lo; muito pelo contrário, eu o amo tanto quanto antes, mas diversamente. Eis, portanto, a segunda definição do luto: *O luto é o tempo necessário para aprender a amar diversamente o ser desaparecido, aprender a amá-lo diversamente de quando estava vivo.* "Eu amava meu pai quando ele era vivo e o amo tanto quanto antes, mas diferentemente agora, que não está mais aqui." Pois bem, eis as duas atitudes que Helena terá que assimilar no curso do tratamento: habituar-se pouco a pouco a viver com a ausência de Enzo e aprender a amá-lo em seu coração. Durante os dois anos que se seguiram ao retorno de Helena, nossas sessões foram dedicadas a diversos problemas, dos quais falarei a seguir. Durante todo esse tempo, meu objetivo foi ajudá-la a encontrar forças para acolher serenamente aquilo que a vida lhe trouxera.

Lembro que os principais temas que trabalhamos e retrabalhamos na análise eram os seguintes: a morte de seu bebê, vivida como se uma parte dela mesma lhe tivesse sido arrancada; o sentimento de que essa morte era uma injustiça — "Por que eu? Por que nós?", repetia ela com frequência; sua intolerância à presença dos outros — "Tudo me machuca!", queixava-se ela. Um outro tema que retornava bastante era sua raiva em relação aos médicos, suspeitos de incompetência, e seu arrependimento por ter escolhido uma maternidade ruim. No decorrer de inúmeras sessões, nós enfrentamos um outro tema: sua necessidade de fechar-se em si mesma, isolando-se para inebriar-se de tristeza. "É estranho", dizia ela, "Chorar me faz bem, porque minha tristeza é uma homenagem a meu filho morto. Enquanto eu sofrer, ele saberá que não o esqueci e que continuo a amá-lo. Minha tristeza é meu amor." Essa necessidade de ficar sozinha e de retirar-se em sua dor incomodava seu marido e criava tensões na vida do casal. Mas a questão mais sensível que abordamos, eu e minha paciente, durante esses últimos dois anos de análise foi o projeto de uma nova gravidez. No início, quando encontrei Helena pela primeira vez, as palavras que lhe retornavam sempre eram: "Quero e vou ter um filho!". Agora, depois da perda do bebê, ela ficava em pânico diante da ideia de ser mãe. Helena e Luca oscilavam entre a vontade de outro filho e o medo de reviver uma gravidez de risco.

Nesse mesmo período, tivemos uma sessão em que Helena, já melhor, estava furiosa com seu cunhado que, mais uma vez, tentou consolá-la com palavras que a magoavam profundamente: "Tente ser positiva! Tenham outro filho, que isso passa. Ainda dá tempo!". Essas palavras lamentáveis a exasperavam. Compreendi completamente a sua raiva, pois ela recebia tais palavras, que pretendiam ser reconfortantes, como uma incitação a esquecer seu filho morto e traí-lo, e então era como se Helena, indignada, gritasse para o mundo: "Perdi meu filho, mas ele continua a viver em meu coração. Vocês querem que eu esqueça e que ele desapareça uma segunda vez! Nunca, ouviram? Nunca! Ele existe e existirá sempre em mim". Nessa sessão, eu entendi ainda melhor o quanto é importante para a pessoa enlutada guardar sua dor, porque ela é um grito de amor e uma prova de fidelidade a quem faleceu.

Penso, por fim, num outro momento de nossas sessões em que pude intervir de uma maneira que nos fez entrar na úl-

"Meu bebê morreu!"

tima fase do tratamento. Helena estava no divã e o tom de sua fala era de alguém que recuperou o gosto pela vida. Eu estava totalmente absorvido na escuta e, respondendo a uma de suas perguntas, as seguintes palavras me vieram naturalmente: "... porque se um segundo filho vier ao mundo, quero dizer, o irmão ou a irmã de Enzo...". Antes mesmo que pudesse terminar a frase, a paciente me interrompeu e respondeu com vivacidade: "Ora, é a primeira vez que ouço alguém dizer 'o irmão ou a irmã de Enzo!'. Você me livrou de um peso enorme". E eu logo fiz eco: "Onde quer que esteja agora, tenho certeza de que Enzo ficaria feliz de saber que vai ter, um dia, um irmãozinho ou uma irmãzinha". Fiquei surpreso e satisfeito por ter conseguido expressar espontaneamente, em tão poucas palavras, minha ideia de que a dor do enlutado se aplaca quando ele consegue amar uma outra pessoa sem se sentir culpado de trair o amado desaparecido. Com minha intervenção, Helena compreendeu que um futuro filho jamais tomaria o lugar de Enzo, o qual será para sempre o insubstituível primeiro filho que ela teve com Luca.

Alguns meses depois, concordamos em encerrar a análise, prontos a nos reencontrar pontualmente se fosse necessário. É assim que procedo quase sempre com os pacientes que terminaram o tratamento: digo que continuo disponível para recebê-los, mesmo que seja só uma vez, sem que isso tenha que levar a uma retomada das sessões. No final de nosso trabalho, Helena já estava muito melhor, mas ainda não conseguia se decidir sobre tentar uma nova gravidez. O medo de sofrer um novo trauma era mais forte que o desejo de ter outro filho. Profissionalmente, ela desejava mudar de ramo. Pretendia abandonar a imobiliária e se juntar a uma amiga de infância, proprietária de uma galeria de arte, que propôs que abrissem um novo espaço.

Eu gostaria de concluir reproduzindo as palavras tocantes que Helena me disse, um pouco antes de nos despedirmos, no final da última sessão, diante da porta: "Acho, doutor, que meu sofrimento diminuiu no dia em que entendi que a morte de meu filho, que é e continuará sendo o acontecimento central de minha vida, não é toda a minha vida. A lembrança daquela noite horrível não me assalta mais. Hoje posso trabalhar sem pensar o tempo todo em Enzo, mas sei que no momento de minha morte ele estará lá, pertinho de mim".

O segredo de Dolto: "Querida Houda, não sei mais o que dizer para te ajudar!"

FICO FELIZ DE HOMENAGEAR uma mulher genial, uma grande figura da psicanálise, falecida em 1988: Françoise Dolto. Pediatra e psicanalista, a sra. Dolto era apaixonada por crianças, que considerava como pessoas de pleno direito e não adultos inacabados. Fico muito emocionado ao evocá-la, ela que foi minha mestra e minha amiga.

Gostaria de contar em detalhes como Françoise Dolto intervinha junto a seus jovens pacientes no âmbito de seu Consultório para crianças de internatos públicos e revelar o segredo — isso mesmo, o segredo — de sua surpreendente eficiência terapêutica. Guardo uma viva e maravilhosa lembrança das incomparáveis sessões de psicanálise em que Dolto escutava a criança e falava com ela na presença de um grupo de jovens psicanalistas, do qual tive a sorte de fazer parte. Desses anos, conservo caprichosamente o caderno azul onde anotava no ato as palavras marcantes que Dolto dirigia a seus pequenos pacientes nos momentos mais intensos das sessões. Relendo essas notas, tive a ideia de partilhar algumas de suas intervenções memoráveis, que produziam efeitos fulgurantes tanto nos pequenos pacientes quanto em nós mesmos, os analistas presentes.

Mas antes de reviver esses momentos únicos, gostaria de apresentar o Consultório, que funcionou em Paris, entre 1985 e 1988, numa salinha perto do Jardim de Luxemburgo. Ali, Françoise Dolto recebia toda sexta-feira de manhã crianças bem pequenas, afetivamente carentes. Depois de ter mantido durante trinta anos a clínica pública de psiquiatria pediátrica no hospital Trousseau, ela fazia questão de dar sequência a essa clínica atendendo apenas as crianças da creche pública da cidade de Antony. Chamada em francês de *pouponnière*, é um orfanato público que recebe crianças pequenas, de alguns meses até quatro anos, vítimas de abandono ou de maus-tratos, sofrendo muitas vezes de distúrbios mentais. Essas crianças, separadas de suas famílias e à espera de uma colocação ou de uma adoção, eram levadas ao Consultório a cada quinze dias por uma educadora que assistia à sessão, quando a criança pedia. Os tratamentos, que tinham uma duração média de alguns meses, podiam se prolongar por um ou dois anos segundo a evolução dos distúrbios e a duração da estadia da criança na creche. Quando ela era adotada, Françoise Dolto recebia os novos pais e pedia seu consentimento para continuar o tratamento.

As duas iniciativas de Dolto que tornaram o Consultório tão original eram: psicanalisar apenas crianças de creches públicas, pesadamente traumatizadas; e formar um grupo de psicanalistas na prática com essas crianças, psicanalistas presentes nas sessões e que tinham a possibilidade de intervir, como coterapeutas, durante os tratamentos. É importante ressaltar que éramos profissionais experimentados que já trabalhavam com pacientes adultos. De fato, a sra. Dolto estava convencida da necessidade de que o psicanalista tivesse uma prática com adultos

O segredo de Dolto 79

antes de enfrentar o trabalho com crianças, bem mais exigente. Muitos acreditam, erradamente, que os pequenos pacientes são fáceis de escutar, que basta brincar com eles para produzir um efeito terapêutico. Ora, não se trata de brincar por brincar, mas de brincar para analisar! Se nos entregamos ao prazer de brincar com certas crianças que nos atraem para isso, corremos o risco de desviar nossa atenção do objetivo principal: captar o inconsciente da criança, ou seja, captar a emoção doente que o pequeno paciente encena em seu desenho, sua modelagem, seu jogo ou brincadeira. Captar o inconsciente da criança é o nosso objetivo, a atividade lúdica é apenas um meio para alcançar esse objetivo. Brincamos para surpreender o inconsciente. Assim, fica claro que é preciso ser um excelente psicanalista de adultos para vir a ser um bom psicanalista de crianças, que sabe brincar com seu pequeno paciente sem esquecer jamais de rastrear as expressões do inconsciente. Contudo, devo logo corrigir a expressão "psicanalista de crianças". Estritamente falando, não devemos distinguir psicanalistas de crianças e de adultos. Por quê? Porque qualquer que seja a idade do paciente que estamos recebendo — uma pessoa idosa ou um bebê —, é sempre uma criança ferida que nós escutamos. No fundo, a melhor fórmula seria: não existe psicanalista de adultos, nem de adolescentes, nem de crianças, nem de casais, nem sequer de famílias: é sempre um único psicanalista, aquele que trabalha com a emoção atemporal que atravessa a vida do paciente desde a infância até o momento em que o temos diante de nós. Se escuto, por exemplo, um menininho abandonado pela mãe e, vinte anos depois, escuto essa mesma criança, já um rapaz, sofrendo crises de pânico, tentarei perceber nele e sentir em mim o dilaceramento que sofreu quando foi separado da mãe.

Nesse exemplo, a emoção atemporal que percebo é a dor de uma separação mutilante.

Mas voltemos ao Consultório. Gostaria agora de entrar na sala com você e descrever o cenário em que se desenrolavam as sessões. Françoise Dolto e a criança estão sentadas uma diante da outra, cada uma de um lado de uma mesinha. Às vezes, o jovem paciente está acompanhado de uma professora. Nós, os psicanalistas-participantes, estamos sentados em semicírculo atrás de Dolto. Na mesinha, veem-se diversos objetos: folhas de papel, grandes canetas hidrográficas, massa de modelar e uma velha caixa de biscoitos de folha de flandres cheia de bugigangas e lápis de cor com a ponta sempre quebrada, que ela adorava apontar com um canivete Opinel tirado de sua própria bolsa. Apontando o lápis, ela incitava a criança a se ocupar de seu próprio desenho ou modelagem. Penso numa pequena paciente, Celia, de cinco anos, que se comportava sempre como um bebê. Solicitava a atenção da sra. Dolto incessantemente, queixando-se de não ter recebido nenhum comentário sobre suas modelagens. Foi então que Dolto pegou um lápis e começou a apontá-lo como se estivesse muito concentrada. Quando Celia se tornava exasperante demais, Dolto replicava: "Escute aqui, acabe seu trabalho! Cada um faz o que tem que fazer: eu aponto meu lápis, e você termina seu boneco!".

Os pequenos pacientes chegavam ao Consultório sempre na metade de cada hora. Entre duas sessões tínhamos tempo de compartilhar com Françoise Dolto nossas impressões sobre a entrevista recém-terminada com a criança. Ainda sob o efeito do que tínhamos visto e ouvido, perguntávamos sobre as razões que a levavam a falar com a criança ou permanecer

O segredo de Dolto 81

calada. Era para nós uma oportunidade única de receber ao vivo os ensinamentos de uma grande mestre.

No início e no fim das sessões, nós, os analistas presentes, marcávamos a chegada e a partida de cada criança. Por exemplo, quando o pequeno paciente entrava ou saía da sala, dirigia-se a nós dizendo "Bom dia!" ou "Tchau!", e nós respondíamos. Com frequência, recebendo uma criança que vinha pela primeira vez, Françoise Dolto explicava nossa presença nos seguintes termos: "Sabe, essas pessoas vão trabalhar com você para que fique feliz". De vez em quando, no meio de uma sessão, Dolto parava, virava a cabeça para nós e, à maneira de um maestro, pedia que cantássemos em coro uma cantiga como "Frère Jacques". Às vezes, apenas as mulheres deviam cantar, outras, todas as vozes em uníssono. Mas em todos os casos, tomados pela energia da música compartilhada, sentíamos uma ligação direta com o inconsciente daquela criança que estava ali, diante de nós, surpresa e vibrando ao som de nossas vozes. Como se Dolto soubesse, ao pedir que cantássemos, que naquele momento preciso da sessão nossas vozes provocariam na criança sensações de bem-estar que ela não conhecera quando era bebê. Com certeza, aquele menininho ou menininha nunca fora ninado pela doçura de uma voz materna ou tranquilizado pela firmeza de uma voz paterna, e, sobretudo, nunca experimentara a doce despreocupação de dormir ouvindo as vozes do pai e da mãe conversando serenamente. A propósito da magia de nossas vozes que emocionavam o pequeno paciente, penso que na verdade era o inconsciente de Dolto que, através de nós, reanimava o eu esmaecido da criança carente. Nós cantávamos, é verdade, mas era o inconsciente de Dolto que atuava. Assim, fica mais fácil compreender por que afirmo que éramos psicanalistas-participantes e às vezes até auxiliares de Dolto. Digo "auxiliares", porque acontecia que, no meio de uma sessão, Françoise não conseguia diminuir a infelicidade da criança e, envergonhada, interrogava a si mesma em voz alta e a nós, psicanalistas presentes, como se fôssemos um último recurso.

PARA ILUSTRAR ESSAS SITUAÇÕES em que ela contava com a nossa ajuda, gostaria de relatar uma sessão memorável com Houda, uma menina gravemente psicótica, nascida de um estupro, que Dolto tratou durante dois anos. Inconsolável, Houda chorava sem parar: chegava chorando, chorava durante toda a sessão e ia embora sempre chorando. Antes mesmo que cruzasse a porta de entrada do prédio, podíamos ouvi-la berrando sua dor, a ponto de exclamarmos entre nós: "Ih, é o horário de Houda!". Incontestavelmente, ela era a paciente mais difícil de tratar, mas também de suportar. As sessões com Houda eram tão penosas que dois colegas de nosso grupo, abalados ao ver tamanho sofrimento num ser tão pequeno, preferiram deixar de vez o Consultório. Numa sessão em que Houda, em pleno desespero, se jogou de bruços no chão num canto escuro da sala, gritando e martelando o piso com a testa, Dolto levantou-se da cadeira, foi até o fundo da sala, ajoelhou-se ao lado da menina, tentou em vão acalmá-la e, desamparada, confessou: *"Não sei mais o que dizer para te ajudar..."*. Em seguida, sem esconder sua vergonha, ela se virou, olhou para nós, levantou os ombros e abriu as mãos como quem se desculpa por não saber o que dizer à criança e pediu que soprássemos a palavra capaz de interromper aquela dor. É uma imagem dilacerante

O segredo de Dolto   83

que não esquecerei jamais! Compreende-se assim por que Dolto foi uma mestra para muitos de nós. Longe de mostrar-se infalível, ela ensina que o essencial é cumprir sua missão: aliviar a criança. Quando Dolto estava diante da criança, ela confiava em sua percepção de psicanalista, mesmo que fosse a percepção de uma fraqueza. O mais importante que Dolto me ensinou foi ter confiança em minha percepção de psicanalista, trabalhar com essa percepção, desde que, é claro, ela seja corrigida pela experiência e reforçada pela teoria.

Ora, a mesma Françoise Dolto, capaz de confessar sua impotência, também era capaz de oferecer a palavra que a criança esperava para sentir-se aliviada. Numa outra sessão com a pequena Houda, que continuava a chorar e bater a cabeça no chão, Dolto não se mostrou desarmada. Ao contrário, ela lhe dirá a frase que é para mim o modelo de uma intervenção eficaz, pois desfez em Houda a ideia de que sua mãe era um monstro: *"Você chora como um bebê triste, triste como sua mãe! Ela também é um bebê triste"*. Lembro que, a partir desse dia, Houda parou de chorar e de se ferir. Penso sempre que a fala de Dolto permitiu que a menina compreendesse, não intelectualmente, mas intuitiva, emocionalmente, que sua mãe não a rejeitou por maldade, mas por incapacidade de cuidar da filha, de tão triste que estava, infeliz como um bebê triste. Creio que, ao martelar de maneira compulsiva o chão com a própria cabeça, Houda era dominada por uma cena imaginária que ela vivia e revivia sem ter consciência. Uma cena que ela não via em sua mente, mas que invadia seu ser, adoecendo-a. Nessa cena, a personagem de sua mãe é vivida no imaginário por Houda como um monstro sanguinário que ordena que ela se mate: "Vá embora! Saia da minha vida! Mate-se!". Batendo violentamente com a cabeça no chão, Houda estava obedecendo às ordens aterrorizantes de uma mãe vivida como um ser maléfico. Pois bem, ao pronunciar a fala "Sua mãe também é um bebê triste!", Dolto dissipa essa cena sinistra em que uma mãe ordena que a filha se destrua. Dolto permite que Houda compreenda que o monstro que vocifera em sua cabeça não é sua verdadeira mãe.

Saibam que o tratamento de Houda terminou positivamente. Pouco a pouco, em vez de se jogar no chão e se ferir ela concordou em sentar-se à mesinha e aceitou, quase sempre em silêncio, desenhar ou modelar dois personagens, um grande e um pequeno, que brigam e brincam juntos. Depois de dois anos de tratamento, livre do monstro que a condenava, pacificada, ela tinha se transformado numa menina comum, animada pela vida.

Diante de uma intervenção tão bem-sucedida quanto *"Sua mãe é como você, um bebê triste!"*, uma questão se coloca: em que fonte Dolto buscava inspiração? Como palavras tão simples, ricas em imagens e pertinentes lhe vinham à mente? Qual era o seu segredo? Nunca saberemos responder com exatidão. Alegar sua imensa experiência seria uma resposta geral demais. Não. Para compreender de onde vinha a inspiração, é preciso se colocar no coração da relação entre Dolto e seus pequenos pacientes e então propor uma hipótese. Mas, antes de formulá--la, gostaria de dizer que durante as sessões, sentado numa cadeira na extremidade da mesa, eu ocupava a primeira fila para poder observar de perto as manifestações e os silêncios do pequeno paciente, mas também e sobretudo para observar a atitude corporal e as expressões do rosto de Dolto.

O segredo de Dolto 85

Eis, portanto, a minha hipótese: as palavras inspiradas brotavam na mente de Françoise quando ela conseguia se concentrar, criar um espaço vazio dentro de si e entrar na cena imaginária que fazia a criança ficar doente. O que pretendo dizer com isso? Que, mantendo a troca com a criança, presente na sessão, e conosco, o grupo de psicanalistas-participantes, Dolto vivenciava a emoção dolorosa que esmagava a criança. Era nesse momento que ela se dirigia a seu pequeno paciente e explicava com palavras expressivas e verdadeiras qual o tormento que o afligia. Ora, quando ela falava com a criança, falava com aquela sua voz inimitável. Uma voz clara, vibrante, capaz de provocar lágrimas, que despertava, comovia e apaziguava; uma voz sustentada pela convicção de estar dizendo o que tinha a dizer e de fazê-lo no momento certo. Considero que essas palavras certeiras, que encontram eco, são as melhores interpretações psicanalíticas, ou seja, são as palavras capazes de aniquilar os monstros e mudar a maneira como o paciente se trata a si mesmo. Com Dolto, Houda aprendeu a se amar.

DANDO SEQUÊNCIA A NOSSO ESFORÇO para penetrar no segredo de Dolto, eis alguns exemplos de palavras inesquecíveis que ela dirigia às crianças. Conforme disse anteriormente, eu tinha o hábito de me sentar bem perto da mesa. Como um árbitro de tênis, via a mesa como um pátio onde se jogava a parte mais apaixonante de uma sessão de análise. Eu tinha a impressão de que estava em Roland-Garros: olhava à esquerda e à direita vendo voarem as palavras e as emoções. De todas as palavras de Dolto que anotei em meu caderno azul, selecionei algumas que reporto aqui para você.

Falando com uma criança que não tinha trazido a pedrinha com a qual devia pagar sua sessão, ela esclarece: *"Não vou receber você na próxima sessão se não trouxer sua pedrinha. Acha que é por amor a você que faço essa sessão? Fique sabendo que não!"*. Dolto relembra assim que um psicanalista não trabalha por amor à pessoa de seu paciente. É verdade que amamos nossos pacientes, mas não nos apegamos às suas pessoas. Sem dúvida um psicanalista trabalha por amor, levado pela paixão de realizar um dos mais belos gestos humanos: ir em direção ao paciente, imaginar a emoção que sente, senti-la ele próprio, traduzir essa emoção em palavras, dirigir essas palavras ao paciente, desdramatizar o conflito e obter o alívio. É esse gesto generoso que proporciona ao analista a alegria de criar uma obra comum com seu paciente. São irmãos em emoção e produzem juntos um inconsciente comum.

Um outro exemplo. Dirigindo-se a um bebê de dez meses, que está sentado nos joelhos da educadora e que, trabalhando com a massa de modelar, demonstra que é extraordinariamente hábil com as mãos, Dolto se compadece: *"É duro ser um bebê quando se é inteligente!"*. Falando assim, ela valoriza a criança, elogiando suas mãos inteligentes.

No mesmo espírito, mas dessa vez lidando com um menino de três anos, Dolto diz: *"Acho que suas mãos são muito espertas. Elas sabem fazer um peixe, mesmo que você não saiba o que é um peixe. Suas mãos sabem desenhar animais que você nem conhece"*. Esse tipo de intervenção era muito frequente em Dolto. Ela isolava uma parte do corpo, aqui as mãos, atribuindo-lhe uma intenção boa ou má; quando é má — como a mão que bate, a boca que morde e o pé que chuta —, essa personificação da parte do corpo permite que o terapeuta fale com a criança sem a acusar, humilhar

O segredo de Dolto

ou culpabilizar. Eis um exemplo: *"Não foi você que arranhou seu irmãozinho, foi a sua mão! Você não pode deixar que sua mão faça tudo o que quiser!"*.

Mais um exemplo. Dirigindo-se a uma menina de dois anos, de rosto assustado, vítima de uma tentativa de assassinato, Dolto a intimou: *"Como você resolveu ficar viva, agora precisa viver plenamente!"*. E num outro momento da sessão, atiçando seu desejo de viver, lhe diz: *"Você acha que foi bom ter nascido?"*. Como se pode ver, nessas duas intervenções Dolto desperta e reforça a parte do eu da criança que se apega à vida.

A uma menina que não falava e girava a língua na boca o tempo todo, Dolto interpreta: *"A dificuldade com sua língua é que você quer falar grego como seu pai falava"*. Veja a acuidade com a qual Dolto observa a boca da criança. Para ela, mesmo o menor movimento do corpo é importante, pois pode nos ajudar a captar o inconsciente da criança. Para Dolto, o fato de a menina girar a língua dentro da boca significa que o pai ausente, o pai grego, continua lá, no interior da boca de sua filha.

Por fim, um último exemplo. Na primeira entrevista com um menino travesso de três anos, ele pergunta: *"E você, como se chama?"*. E ela, respondendo sem hesitar: *"Eu me chamo Françoise Dolto. Sou psicanalista e digo a verdade da vida às crianças"*. Que maravilhosa segurança! Que fervorosa convicção de ser ouvida!

EU GOSTARIA AGORA DE EVOCAR as diferentes Françoise Dolto que conservo sempre presentes em meu trabalho e em minha vida: Dolto *psicanalista*, que sabe mergulhar em silêncio na cena imaginária que perturba seu pequeno paciente; Dolto *mestra*, que nos encoraja a confiar em nossa percepção de analista e nos mostra a humildade de ser capaz de aprender sempre; e sobretudo Dolto *amiga*, que me confia seu medo. Quantas vezes, no caminho que nos levava ao Consultório — eu costumava pegá-la em sua casa em meu Volkswagen verde--maçã —, quantas vezes, dizia eu, ela me surpreendeu no carro confessando que começar mais uma manhã com as crianças do internato ainda lhe provocava frio na barriga? É espantoso, se pensarmos que, naquela época, Dolto tinha 78 anos e uma vida inteira dedicada a seu ofício. Mas esse frio na barriga era provavelmente um dos segredos de seu sucesso. No espaço do Consultório, sua inquietação transformava-se num poderoso desejo de chegar à criança, de alcançar seu interior, de coincidir com o que ele tem de único e conseguir lhe falar. O medo transforma-se em desejo e o desejo se faz fala.

Para concluir, gostaria de comentar uma das mais belas fotos de Dolto, em que ela aparece em ação no Consultório do hospital Trousseau, em 1965. Dei a essa foto o título de *Dolto e a menina com o colar*. Nela podemos ver Françoise Dolto ajoelhada numa postura semelhante àquela que descrevi quando falei da pungente sessão com a pequena Houda. Ao observar seu olhar, tem-se logo a impressão de que ela tenta estabelecer uma ponte com sua pequena paciente, provavelmente psicótica. Digo psicótica ao observar a rigidez do corpo da criança, sustentado por pernas de marionete. Note a tensão no alto do torso e na nuca; e, ao observar a inclinação da cabeça, deduzo que tem o maxilar caído, como acontece frequentemente com tantas crianças com deficiência. Mas o gesto que confirma mi-

nha impressão de psicose é aquela mão rígida que agarra o colar como quem pode arrancá-lo, mas não vai fazê-lo. Vendo a mão agarrada ao colar, penso comigo que a menina está ofuscada pelo brilho das pérolas e permanece indiferente ao rosto de Dolto. O que a menina olha não é o rosto, mas o brilho do colar. É evidente que esse gesto da criança seria impossível se a psicanalista não tivesse se ajoelhado para ficar a seu alcance. Observe agora o rosto de Dolto. Ela ergue a cabeça em direção à menina, olha para ela e não parece nem um pouco incomodada com a atitude insólita da pequena, parecendo lhe dizer: "Você pode segurar o colar, mas não vá arrebentá-lo!". Esse magnífico retrato ilustra com clareza a atitude de uma psicanalista, inteiramente disponível, que consegue desarmar um gesto possessivo, quiçá agressivo, de sua pequena paciente. Diante dessa cena, temos a impressão de que a luz do rosto de Dolto reanima a alma apagada da menina.

Isabelle, William e a repetição trágica de um passado doloroso

> Eis a ideia central deste relato: quando uma emoção brutal demais abala uma criança, ela ressurge na idade adulta sob a forma de um comportamento patológico.

GOSTARIA DE DEDICAR ESTE NOVO RELATO a um dos fenômenos mais notáveis da vida humana: a repetição, do passado no presente, a ressurgência hoje de emoções intensas, alegres ou tristes, que vivemos quando crianças ou adolescentes. Vou contar aqui duas histórias de repetição, mas de repetição doentia. São as histórias cruéis de Isabelle e de William, cujas vidas foram reviradas pelo retorno violento de seu passado doloroso. Ora, nós temos uma palavra para nomear a força do passado que modifica, com felicidade ou infelicidade, o curso de nosso presente. Essa palavra é inconsciente. O inconsciente é uma força, a força do passado que nos leva à escolha da mulher ou do homem com quem partilhamos nossa existência, da profissão que exercemos ou até da cidade ou da casa na qual moramos; tantas escolhas que pensamos ser voluntárias ou devidas ao acaso, quando na verdade nos foram impostas sutilmente por nosso inconsciente.

Imagino seu espanto ao me ouvir dizer que seu parceiro, sua profissão ou sua casa são eleitos por seu inconsciente. Mas olhe para trás em sua vida. Você verá, tenho certeza, que suas escolhas cruciais de hoje são ressonâncias dos acontecimentos marcantes de sua infância e de sua adolescência. Pensamos que somos livres para ser e decidir, mas no fundo somos determinados pelos amores e sofrimentos vividos quando éramos mais jovens. Formularei isso numa frase: *Somos hoje aquele ou aquela que nosso passado quis que fôssemos.* Você que me lê poderia replicar de imediato: "Não gosto que me digam que não sou livre. O que você fez com meu poder de escolher o que quero ser? Qual é, a seu ver, a parte de liberdade que me resta?". Essa liberdade não é, caro leitor ou leitora, a liberdade de escolher o que quer, mas de amar ou não aquilo que o passado fez de você e modificar ou não o que lhe aconteceu. Além das alegrias e dos dramas que pode ter vivido, você é o resultado de seu passado e daquilo que faz para se superar. No fundo, sua liberdade é a liberdade de amar ou não amar o homem e a mulher que você é. Se você ama seu passado, com suas alegrias e tristezas, você se ama; se não o ama, você sofre!

Para compreender melhor o fenômeno da repetição, fui consultar um filósofo muito antigo chamado Píndaro. Ele é uma maravilha de filósofo e de poeta. Vivia em Tebas, na Grécia, nos anos 450 a.C., e suas odes à glória dos atletas e dos primeiros Jogos Olímpicos são célebres. Para o nosso filósofo, o passado é o pai do futuro. Tudo o que existe, diz ele, é uma repetição do que já foi. Lendo Píndaro, ouvindo meus pacientes e ouvindo a mim mesmo, uma evidência surgiu: *tudo o que é já aconteceu.* Sim, caro leitor, o que estamos vivendo neste instante, você e eu, nós já vivemos, é uma repetição. Não apenas uma repetição no sentido de, por exemplo, você me confidenciar que já me leu. Não. É uma repetição porque, quando criança, eu mesmo tinha prazer em contar à minha mãe o que tinha aprendido na aula. Revejo até hoje o seu sorriso cheio de ternura quando, voltando da escola, eu anunciava, todo excitado, a incrível novidade: a América tinha sido descoberta por um tal de Cristóvão Colombo! Hoje, sinto o mesmo entusiasmo, a mesma urgência de lhe contar o que aprendo em meu consultório. Você existe na minha vida desde a mais tenra idade e tenho certeza de que eu existo na sua desde a infância. Revivo com você minha paixão de contar e você revive comigo a paixão de ouvir histórias. Incontestavelmente, tudo isso já aconteceu. No entanto, não vivo percebendo o dia inteiro que já vivi aquilo que vivo! Isso seria horrível! Vivo acreditando, como todos nós, que cada momento de minha existência é absolutamente inédito, quando na verdade estou repetindo meu passado.

Mas vamos devagar e tentemos responder à questão: o que é a repetição? É uma pulsação que dá ritmo à ordem biológica, mental, social e até cósmica. Dou aqui a minha definição. A repetição é uma sequência em três tempos: uma coisa aparece, desaparece, reaparece. Mas atenção! Quando reaparece, ela não é nunca exatamente a mesma de sua primeira aparição. Por quê? Porque o tempo passa e no espaço de um segundo já somos levemente diferentes, permanecendo sempre os mesmos. No entanto, a ação do tempo é universal, toca não apenas os seres que somos e o mundo que nos cerca, mas também as estrelas. Quando numa manhã, abrindo as cortinas, o sol inunda o quarto, pensamos cá conosco que o grande astro é eterno e imutável. Pois bem, ele não é. Entre ontem e hoje, o tempo passou e o sol queimou uma parte ínfima de seu combustível. O sol de hoje não é idêntico ao de ontem. Entre ontem e hoje, assim como nós, o sol envelheceu e morrerá... em cinco bilhões de anos, quando esgotar sua reserva de hidrogênio. Insisto: enquanto o tempo passa, cada coisa que se repete se reproduz sendo ligeiramente diferente, mas permanecendo a mesma. É essa "mesmice" que me interessa como psicanalista, ou seja, a identidade profunda de meu paciente, a quintessência que permanece a mesma, independentemente da idade. A mesmice de um ser assume a forma de uma emoção antiga e inconsciente que, como um fio vermelho, atravessa sua vida. Veremos mais adiante o exemplo de uma emoção doentia e persistente que tornou trágicos os destinos de Isabelle e de William.

Antes de prosseguir, preciso recordar aqui a condição essencial para que haja repetição. Essa condição é você, somos nós! Para que a repetição aconteça, ainda é necessário um ser humano que conte que algo apareceu, desapareceu e reapareceu, que conte seu novo reaparecimento e todos os reaparecimentos futuros. Portanto, não existe repetição sem uma cabeça que a enumere: *primeira vez, segunda vez, terceira vez, enésima vez*. É uma evidência que esquecemos com frequência: sem observador, nada de repetição!

Mas passemos às diferentes maneiras como o passado se repete no presente. Esquematicamente, distinguimos três formas de repetição: o passado retorna em nossa consciência; retorna em nossas escolhas cruciais e em nossas ações marcantes; e retorna, enfim, sob a forma de distúrbios psicológicos.

A primeira forma de repetição do passado no presente, a mais frequente, é a lembrança. Essa é muitas vezes uma impressão visual, às vezes sonora, tátil, olfativa ou também gus-

Isabelle, William e a repetição trágica de um passado doloroso 95

tativa, como o sabor da madeleine molhada no chá que lembra a Proust o doce universo de sua infância. Mas qual é a natureza do passado que lembramos? É o passado que realmente vivemos? Claro que não. A memória é sempre extravagante e infiel. Tomemos de exemplo a lembrança de nossa casa natal. Nós a imaginamos muito grande e, quando a revemos, ficamos surpresos ao encontrá-la bem pequena. A casa que a criança deixou tornou-se diferente na memória do adulto que ela é agora. Assim, todas as lembranças são resultado da reinterpretação do passado, e nunca a sua reprodução fiel. Só existe passado remodelado e recriado à luz de nossa vivência atual.

A segunda forma de repetição do passado no presente não se realiza na consciência, mas inconscientemente através das decisões e dos atos importantes da vida, como a escolha de nosso parceiro, de nossa profissão ou de nossa casa: escolhas que fazemos sem saber que são ditadas pelo nosso passado.

A terceira forma de repetição do passado no presente é a doença. É, portanto, da repetição patológica que desejo falar, tomando o exemplo de Isabelle e depois, o de William. Mas, antes, uma informação: quando um trauma atinge uma criança ou um adolescente, pode acontecer — não em todos os casos, felizmente — que a emoção penosa que ele viveu só tenha uma ambição, a de ser revivida, revivida e revivida de novo. É diabólico! A dor nasceu num corpo jovem e quer renascer agora num corpo adulto! A emoção vivida no momento do trauma age, portanto, como uma droga, e o traumatizado fica dependente dessa droga. Para que você possa compreender melhor essa necessidade absurda de revivermos uma antiga emoção dolorosa quando deveríamos tentar nos afastar dela, gostaria que ouvisse Isabelle, uma mulher de quarenta anos, arquiteta e mãe de família. Na primeira entrevista, ela revelou, muito angustiada, sua adição às práticas sadomasoquistas, adição essa que expande a longa relação incestuosa que ela suportou com seu irmão mais velho. "Tudo começou com meu irmão mais velho", diz ela. "Tive relações sexuais com ele durante vários anos, dos dez até os catorze; mais tarde, já estudante, me relacionei com um homem casado que me iniciou nas práticas sadomasoquistas. Hoje, quinze anos depois, quando pensava que já tinha virado essa página, recaio na mesma história. Acabei de encontrar um homem, pelo qual estou loucamente apaixonada, um homem muito mais velho com quem tenho relações sadomasoquistas. Estou desesperada, doutor! Tenho medo de perder tudo, meus filhos, meu marido, minha carreira, e ao mesmo tempo estou fascinada, não consigo viver sem meu amante. Não sei mais onde estou." Como explicar essa paixão devoradora de Isabelle por um homem que a mergulha de volta na devassidão? Não é o amor que liga Isabelle a seu amante atual, é a necessidade perversa de reencontrar com ele as sevícias impostas por aquele que a iniciou nas práticas sadomasoquistas e reviver, ademais, o prazer malsão experimentado com o irmão. Isabelle é, indiscutivelmente, adicta ao sadomasoquismo. Por quê? Porque, sem saber, ela está submetida à necessidade de reviver as primeiras emoções incestuosas e mortificantes que viveu tão jovem e tantas vezes com o irmão mais velho. O sadomasoquismo de hoje é a repetição do incesto de ontem.

Para livrar Isabelle de sua adição e liberá-la da sujeição sexual ao homem que ela não conseguia deixar, precisei retornar detalhadamente à relação incestuosa com o irmão, tendo em mente a ideia de que uma emoção ardente, feita de orgasmo,

Isabelle, William e a repetição trágica de um passado doloroso

medo e vergonha, vivida por uma menina de doze anos quer se repetir num corpo de adulto sob a forma de prazer masoquista. Um esclarecimento importante: nem todas as crianças vítimas de incesto se transformam necessariamente em adultos sadomasoquistas. E, da mesma forma, nem todos os adultos praticantes do sadomasoquismo são necessariamente ex-vítimas de incesto.

Passemos agora à história de William. Hesitei antes de incluí-la neste livro, pois contém alguns detalhes escabrosos que poderiam chocar alguns leitores. Se decidi falar desse caso, já bem antigo, foi sobretudo graças ao desenlace feliz do tratamento.

Eis, então, o drama de William. Esse antiquário de origem britânica, de cerca de trinta anos, me consultou por causa dos ataques de pânicos que sofre cada vez que está prestes a casar. O cenário se repetiu três vezes, nos mínimos detalhes, com três noivas diferentes: na manhã de cerimônia, com tudo pronto, William começa a duvidar de sua decisão, a ficar nervoso e, ao chegar de carro ao local do casamento, sufocado de angústia, dá meia-volta e deixa todo mundo a ver navios: a noiva aos prantos, as duas famílias desesperadas, as testemunhas indignadas, os convidados pasmos e até o celebrante do casamento, atônito. Além das consequências deploráveis desses ataques de pânico compulsivos diante do matrimônio, William fica deprimido com a ideia de que vai acabar sua vida sozinho, sem conseguir formar uma família. Depois de alguns meses de análise, fico sabendo que ele está sujeito a uma outra compulsão muito invalidante, que o faz sofrer enormemente, mas o alivia de sua angústia. William me revela um segredo que nunca tinha confiado a ninguém: não é capaz de abandonar um ritual sexual que cumpre toda noite, nos fundos de sua loja. Logo que os funcionários vão embora, ele corre para o banheiro, abaixa as calças, coloca o celular na bancada da pia e liga para o disque-sexo para ouvir a voz tirânica de uma mulher vulgar e injuriosa, que ordena que ele se ponha de quatro. Depois, a voz manda que enfie o cabo da vassourinha no ânus e se masturbe com a mão esquerda imaginando que está sendo chicoteado e sodomizado por uma matrona dominadora. Esse ritual é para ele a única maneira de gozar. Depois de uma ejaculação decepcionante, ele se desfaz em lágrimas, terrivelmente culpado por ter cedido mais uma vez aos tormentos da humilhação. Sofrendo a necessidade compulsiva de fugir do casamento e a necessidade compulsiva de aviltar-se, William é dependente de uma emoção tóxica, mistura de excitação, voluptuosidade, dor e desprezo por si. Mas o que aconteceu em sua infância para que ele tenha se tornado tão dependente de uma emoção que o destrói?

William vive atormentado pela lembrança de uma cena violenta vivida inúmeras vezes em sua infância, que ele não sabe que é a causa de seus problemas atuais. Trata-se de uma cena horrível que nós retomamos mil e uma vezes em sessão. William, ainda menino, assistiu siderado às brigas sangrentas em que seu pai injuriava e espancava de forma selvagem sua mãe, que se curvava sob os golpes! Pensei comigo que o pequeno William foi profundamente impactado pela crueldade do que viu. Na cena, tal como a imaginei, o menino, esmagado pela atrocidade da briga, identifica-se com todos os personagens: o carrasco, a vítima e a testemunha; ele é ao mesmo tempo o pai que espanca, a mãe que grita e ele mesmo, o espectador ater-

Isabelle, William e a repetição trágica de um passado doloroso 99

rorizado por aquela violência extrema. William experimenta tanto o sadismo do agressor quanto a humilhação da vítima e o estupor da testemunha. É compreensível que um adulto que gravou em seu inconsciente de criança a experiência conjugal abominável de seus pais não veja a vida tal como é. Casar-se será difícil para ele, pois viver com uma mulher representa o risco de reproduzir a qualquer momento o comportamento violento do pai ou o comportamento masoquista da mãe. Identificado inconscientemente com os dois genitores na cena trágica, William criou o hábito de masturbar-se sendo ao mesmo tempo sádico e masoquista consigo mesmo.

O tratamento de William foi bem-sucedido porque essas duas compulsões — fugir do casamento e se aviltar — foram desaparecendo pouco a pouco. É sempre muito delicado liberar um paciente de sua neurose de repetição compulsiva. Além disso, gostaria de transmitir aqui, essencialmente, aquilo que permitiu que acompanhasse William rumo à cura. Ao lado de nossa excelente relação, feita de estima e confiança mútuas, a chave de minha ação terapêutica foi me identificar com o pequeno William apavorado ao ver o pai espancar furiosamente a mãe. Senti a mesma emoção traumática, mistura da crueldade do pai, da fraqueza da mãe e de sua dor de criança que vê a mãe espancada. Para ser bem preciso, não me identifiquei com meu paciente adulto estendido no divã. É claro que era sensível às emoções que ele experimentava na sessão, mas não eram essas as emoções que tentei reviver. Não. Eu me identifiquei com a criança que William foi um dia e senti o pavor que ele deve ter sentido diante dos pais furiosos que se agrediam. Ora, foi graças à minha identificação imaginária que pude, por exemplo, dizer a William que se sodomizar ao se masturbar era seu modo de reviver a humilhação de sua mãe gritando sob os golpes de seu pai. Ressaltada, aprofundada, repetidamente evocada, essa cena acabou perdendo sua carga tóxica. Eis uma repetição terapêutica que me permitiu desvitalizar pouco a pouco, com paciência, a cena traumática. William viveu sessões devastadoras em que revivia os momentos dolorosos de sua infância.

Gostaria de concluir dizendo que, para impedir a repetição compulsiva de uma antiga emoção traumática, devemos fazer com que o paciente possa revivê-la com toda a lucidez em nossa presença. Saiba que lá se vão vinte anos desde que William terminou sua análise. Um pouco depois de nos despedirmos, recebi uma longa carta na qual ele compartilhava sua alegria e seu orgulho de ser pai.

Ágatha, Kevin e o doutor das tristezas

HOJE É O DIA DAS CRIANÇAS! Sim, é das crianças que quero falar e contar como recebo meus jovens pacientes. Você vai me ver em ação na primeira entrevista com Ágatha, uma menininha rebelde de quatro anos, e depois com Kevin, menino de oito anos, encaminhado por seu pediatra por causa de distúrbios do sono.

Mas deixe-me começar falando de nossas próprias crianças. Quando pronuncio essa expressão, "nossas crianças", ressoa em mim a voz do imenso poeta que foi Khalil Gibran, escritor libanês nascido numa família cristã no final do século XIX. Ele ficou famoso graças à sua obra-prima *O profeta*, na qual traz à cena um sábio que responde luminosamente às questões simples que as pessoas do povo colocam. Quando uma mulher com seu bebê nos braços lhe pede: "Mestre, nos fale das crianças", o sábio responde: "Nossas crianças não são nossas crianças. São os filhos e as filhas do chamado da Vida. Elas vêm através de nós, mas não de nós. Estão conosco, mas não nos pertencem. Podemos lhes dar nosso amor, mas não impor nossos pensamentos, pois elas têm os seus próprios. Podemos nos esforçar para ser como elas, mas não podemos tentar torná-las como nós. Pois a vida", conclui o sábio, "nunca anda para trás". São palavras justas que eu resumiria numa única frase: a criança é um ser singular, uma força que se move e transcende seus pais!

Quando ouço as máximas de Gibran, sinto-me confortado na ideia de que nós, os pais, temos duas tarefas essenciais a cumprir. Primeiro, tentar amar nosso filho o mais próximo do que ele é. Digo "tentar" pois é difícil, quiçá impossível, amar nosso filho tal como ele é. Por quê? Porque nossa tendência irresistível é amá-lo tal como gostaríamos que fosse, como sonhamos que fosse. Quem ama sonha e embeleza o ser amado. Não existe amor sem ilusão. Depois, nossa segunda tarefa como pais é não perder jamais a confiança em nosso filho. É preciso seguir firme! Quaisquer que sejam as dificuldades e as inevitáveis mudanças, sobretudo na adolescência, acreditem sempre nele e em seus recursos insuspeitados. Quanto mais a criança sentir sua confiança, maiores serão as chances de que ela mude e se desenvolva.

Passemos agora ao modo como recebo meus jovens pacientes. Antes de mais nada, quais são os problemas que levam os pais e as crianças a meu consultório? Quando são crianças entre seis e quinze anos, os motivos mais frequentes são os fracassos escolares, dificuldades para dormir com medo de ir à escola no dia seguinte, a fobia escolar, a depressão passageira e frequentemente a enurese. Para os bem pequenos, são sobretudo os problemas do sono, em particular os pesadelos toda noite, e os comportamentos ciumentos e agressivos. A agressividade aparece em especial nos meninos quando, por exemplo, mordem os colegas no maternal ou quando, em casa, são violentos com o irmão ou irmã menor. Não esqueço o horrível relato de uma mãe que veio me consultar por causa da crueldade inaudita de Ariel, seu filho mais velho, de três anos. Certo dia, sozinha em casa com os filhos, ela ouve urros de sua neném, vindos do quarto onde ela dormia. Ela se precipita

Ágatha, Kevin e o doutor das tristezas

para lá e, ao empurrar a porta, descobre Ariel debruçado sobre o berço. No momento em que grita: "Mas o que é isso?", o menino se vira e ela vê, apavorada, sua boca vermelha de sangue, pois ele tinha acabado de morder a irmãzinha. É uma imagem horrorosa! Não posso contar em detalhes a história de Ariel, mas saibam que ele parou de agredir a irmã depois de algumas sessões em que conversei com ele sobre sua agressividade e seu ciúme, sem jamais culpá-lo. Entre minhas intervenções, lembro de ter proibido formalmente que ele mordesse qualquer pessoa. E pedi também que mordesse o próprio braço, para que sentisse como isso dói.

Às vezes, pais ansiosos demais me consultam por motivos que não justificam uma terapia. Tomando como exemplo o caso frequente do "xixi na cama" das crianças menores, muitas vezes trato de tranquilizar os pais explicando, na presença do filho ou da filha de quatro anos, que nessa idade a incontinência urinária é uma regressão normal à idade de bebê, em reação por exemplo ao nascimento de um irmãozinho. Minha explicação não só acalma os pais, mas ensina que existem perturbações momentâneas numa criança saudável e que é preciso saber esperar até que desapareçam espontaneamente.

Além da entrevista destinada a tranquilizar e aconselhar os pais, temos uma outra modalidade de consulta: a consulta única, ou seja, uma consulta que, sozinha, pode produzir um efeito terapêutico indiscutível. É um verdadeiro tratamento psicanalítico condensado numa única sessão. Refiro-me aqui a um dos pais da psicanálise de crianças, o pediatra inglês Donald Winnicott, já falecido, que recomendava aos profissionais experimentados que concentrassem toda a sua potência terapêutica num único encontro com a criança. É evidente que essa performance só pode ser realizada em determinadas situações e com um terapeuta tarimbado capaz de solucionar o conflito num único encontro. Foi exatamente a experiência que vivi com a pequena Clara, um bebê deprimido por sentir sua mãe deprimida. A terapia dessa menininha não durou mais que uma sessão, pois consegui num único encontro, sem ter premeditado, libertá-la da carga esmagadora de cuidar de uma mãe triste, de ser a mãe de sua mãe. A respeito do primeiro encontro com a criança, acontece raramente, mas acontece, que ao final da entrevista o pequeno paciente não queira retornar. Nesse caso, tenho por regra nunca forçar. Pressioná-lo seria um erro, pois começar uma terapia sem que a criança esteja de acordo é fracasso garantido. Enfim, quando considero que um tratamento analítico é necessário, digo isso à criança e aos pais na saída da primeira ou da segunda entrevista. Em geral, prefiro que o tratamento seja de curta duração, de preferência menos de seis meses.

A cada sessão, estabeleço três objetivos imediatos: que a criança tenha confiança em mim, que se abra facilmente e que seja receptiva a minhas intervenções. Para alcançar tais objetivos, disponho tanto de instrumentos emocionais quanto de instrumentos concretos. Meus instrumentos emocionais são sobretudo minha disponibilidade em relação à criança — *estou todo voltado para ela*; minha atitude calorosa — *estou realmente contente por recebê-la*; minha concentração na escuta — *faço um vazio em mim para sentir as emoções conscientes e inconscientes da criança*; e, por fim, meu trunfo emocional mais decisivo e sobre o qual gostaria de me demorar um instante: minha capacidade de me dissociar. Sempre atento ao que a criança que está diante de mim diz e faz, mergulho ao mesmo tempo dentro de mim, tento imaginar o que ela está sentindo e senti-lo também, eu próprio. É um gesto terapêutico que exige uma grande plasticidade mental, ainda mais porque a agitação natural da criança — que se mexe, brinca, desenha — atrai nossa atenção, pois ela também fala com o corpo. Durante a sessão com uma criança é preciso, portanto, estar muito presente, ser um excelente observador e, simultaneamente, saber se abstrair e ativar a imaginação. Um verdadeiro desdobramento acontece então, exigindo uma energia bem superior à despendida no tratamento de um adulto. De todos os pacientes que recebo, a escuta é certamente mais difícil com as crianças. Se tivesse que estabelecer uma ordem de dificuldade na escuta, colocaria primeiro as crianças, depois o grupo familiar, então o casal e, por fim, o adulto.

Depois de apresentar os instrumentos emocionais que utilizo para analisar uma criança, veremos agora os instrumentos concretos. Para intercambiar com a criança, instalo uma mesa de rodinhas à sua altura. Ela fica sentada num tamborete e eu, diante dela, em minha poltrona. No decorrer da sessão, faço uso do desenho, da pintura e, se a criança tem menos de seis anos, uso também a massa de modelar e objetos variados reunidos num cesto. Entre esses objetos disponho, por exemplo, em duas caixinhas que os pequenos pacientes, curiosos, adoram abrir para descobrir, numa delas, minúsculos animais e, na outra, soldadinhos de chumbo. Encontram também um espelho de bolso com tampa metálica que, a meu pedido, terão prazer em abrir e fechar fazendo o fecho estalar pertinho da orelha. Muitas vezes, para conquistar a cumplicidade da criança, peço que se aproxime e repita o clique junto da minha própria orelha. Debruçando-nos alternadamente sobre a mesa, nos divertimos repetindo os cliques. Mas atenção! Não brinco com a criança pelo prazer de brincar, embora sejam momentos agradáveis. Tento estabelecer entre nós um espaço lúdico graças ao qual ela deixa de ficar na defensiva. Brinco de muito bom grado, mas não esqueço o sofrimento que está sempre lá, dissimulado por trás do jogo.

Gostaria de relatar agora uma singularidade em minha maneira de receber os jovens pacientes pela primeira vez, qualquer que seja a sua idade. Prefiro que os pais não estejam presentes logo no começo da entrevista inicial. Quero ficar sozinho com a criança, frente a frente, por cerca de vinte minutos, antes de ir até os pais na sala de espera e convidá-los para vir ter conosco. Mas por que receber primeiro a criança sozinha, sem os pais? Por duas razões. Por um lado, quero que meu jovem paciente perceba de imediato que meu verdadeiro interlocutor é ele e que é com ele que vamos encontrar a solução para seu problema. Por outro, porque sei que o primeiro encontro com uma criança — e em geral com qualquer paciente — é um momento único em que somos tomados pela força incomparável das primeiras impressões. O impacto inicial é sempre intenso e duradouro. Mil vezes fiquei surpreso e comovido ao ouvir da boca de meu analisando na última sessão as mesmas palavras pungentes de nosso primeiro encontro, embora tanta coisa tivesse mudado! Acreditem, o primeiro encontro é um momento excepcional que já contém em si o essencial daquilo que surgirá depois.

A propósito das primeiras vezes, uma questão me persegue há um bom tempo. Por que somos tão sensíveis à novidade? O que há no primeiríssimo contato que nos encanta, nos angustia e nos abre para o outro? Penso cá comigo que só o

Ágatha, Kevin e o doutor das tristezas

prazer da surpresa e o gosto da descoberta podem explicar a excitação dos começos. Cada novo encontro é, no fundo, um novo nascimento. É exatamente essa impressão de viver um novo nascimento que toma conta de mim cada vez que fico diante de um paciente que ainda não conheço. Nada é mais empolgante que o frescor do primeiro olhar, quando o paciente avança sozinho para o desconhecido e o terapeuta se abre para o inesperado. Os dois se reúnem, se unificam e se oferecem por inteiro ao inédito. Duas inocências selam também seu encontro: a autenticidade de um paciente que se revela e a curiosidade de um analista que tem sede de aprender. Aquele que pede para ser ouvido é tão inocente quanto aquele que se prepara para escutá-lo.

Agora você compreende por que prefiro não saber nada sobre a criança quando a recebo pela primeira vez. Quando uma mãe telefona para marcar um encontro, esclareço de pronto que prefiro não saber o motivo da consulta. No entanto, dou a maior importância a esse telefonema, pois permite que eu prepare o primeiro encontro. Depois de marcar uma data, digo à mãe que, se por acaso seu filho perguntar por que deve ir ao médico, ela deve lhe dizer o que pensa, sem dramatizar. Sugiro também que diga a seu filho ou filha que ela "marcou com o dr. Nasio", pronunciando bem o meu nome para que a criança possa memorizá-lo. Peço também que relembre a data da consulta à criança, duas ou três vezes durante a semana precedente, sobretudo na noite da véspera. Fica claro que, dizendo isso à mãe, eu a tranquilizo e, indiretamente, tranquilizo também o pai e a criança. O simples fato de que um psicanalista dê instruções tão precisas por telefone suscita nos pais o sentimento de que seu filho já está sob seus cuidados.

Ainda uma palavra sobre minha atitude em relação aos pais. No curso do primeiro mês do tratamento, tenho um encontro com a mãe e depois com o pai, separadamente, a fim de ouvir seus pontos de vista sobre a história da criança desde a gravidez. Durante essas entrevistas, pergunto sobre os acontecimentos que poderiam ter perturbado a criança, seja uma eventual hospitalização, um luto na família ou uma ausência prolongada do pai ou da mãe. No fundo, o que me interessa nessas entrevistas com eles é saber como cada um se posiciona tanto na relação com a criança, quanto no próprio casal. Mas, fora desses encontros pontuais, sempre convido o pai ou a mãe que acompanha a criança a entrar nos últimos minutos da sessão. Por quê? Porque, ao reunir a criança com os pais, posso observar como eles conversam entre si. Muitas vezes, intervenho para facilitar a comunicação. Uma pequena paciente, por exemplo, pode ser muito dócil quando está sozinha comigo e se mostrar muito arisca quando fala com a mãe. Analisar uma criança é analisar também o laço doentio da criança com seus pais. As relações afetuosas entre pais e filhos são às vezes tão difíceis quanto as relações amorosas de um casal. Sem dúvida, o amor, qualquer que seja a sua natureza — filial, erótica ou divina —, é uma neurose que faz sofrer, pois pais e filhos, homem e mulher e mesmo o crente e Deus sofrem por não alcançar jamais o amor ideal com que sonham.

Vejamos agora como procedo no primeiro encontro com uma criança. Tomemos o exemplo de Ágatha, uma menininha de quatro anos. Vou buscá-la na sala de espera, cumprimento os pais e, dirigindo-me a ela, digo: "Bom dia, Ágatha!

Entre...". Infalivelmente, os pais se levantam para ir junto, mas reajo de pronto: "Um instante, por favor! Vou falar só com a Ágatha primeiro e em seguida venho buscá-los". No momento de entrar em meu consultório, ela hesita, mas depois aceita me seguir com timidez. Uma vez dentro da sala, deixando a porta entreaberta, aponto para a mesinha onde iremos trabalhar, o tamborete onde ela pode sentar e as duas cadeiras preparadas para os pais. Antes de nos instalar, peço a Ágatha, ainda hesitante, que feche a porta atrás de si. Se ela fechar, significa que não tem medo de ficar sozinha comigo; seu gesto demonstra de imediato que não é uma criança angustiada. Se, ao invés disso, ela se recusa a me seguir refugiando-se nas saias da mãe, convido-a a entrar com os pais, já sabendo que é uma menininha angustiada e superprotegida. Mas voltemos à Ágatha que acabou de fechar a porta. Curiosa, ela vai até a mesinha na qual arranjei as canetas, as folhas de papel e os brinquedos. Peço que se sente e, sem saber nada dela ou de sua história, pergunto: "Você sabe o meu nome?". Ágatha faz que não com a cabeça e não posso me impedir de sorrir por dentro, pois pedi especialmente à sua mãe que lhe repetisse meu nome: "Eu sou o dr. Nasio". Em seguida, escrevo meu nome na folha que ela tem sob os olhos, para que possa vê-lo, embora saiba que ainda não aprendeu a ler. Explico que escrevi "dr." porque sou médico. E peço também que ela escreva ou desenhe seu nome para mim.

Em seguida, digo: "Você sabe o que eu faço?". "Não sei", responde ela intimidada. "Eu recebo crianças como você, às vezes maiores, às vezes bebês e até gente grande, que vêm me ver, todos eles, para me contar suas tristezas. Você sabe o que é uma tristeza?"

As respostas, às vezes, são surpreendentes. Lembro de um menino de três anos que, um dia, me respondeu candidamente: "Estou resfriado...!". E eu, divertido, tive que explicar que não era um doutor de resfriados, mas um doutor de tristezas. Depois de explicar a Ágatha que uma tristeza é quando a gente chora, quando não está contente ou tem medo, eu continuei: "E você? Ágatha, qual é a sua tristeza? Por que veio me ver?" "Porque não me comportei bem." "Ah, é? Me explique melhor. Por que não se comportou bem?" "Porque não faço o que a mamãe diz." "E na escola?" "A professora também está zangada comigo e ela falou com a mamãe."

É assim que se costuma encetar o diálogo com as crianças. Quando Ágatha me disse que não se comportava bem, compreendi de imediato que o motivo que levou os pais a me consultar era um problema frequente nessa idade: a desobediência. A criança faz birra para comer, para dormir, para se vestir ou ainda para seguir as instruções da professora. Nesse tipo de situação, quando a criança não está doente, minha intervenção limita-se muitas vezes a fazer os pais perceberem que compreendo muito bem sua exasperação e seu sentimento de impotência, e explicar que, por outro lado, a desobediência de uma criança de quatro anos, por mais penosa que seja, é o meio que ela encontrou para sentir que existe e conquistar seu novo eu. A cada recusa, a criança é um pouco mais ela mesma. A criança cresce se opondo. Além disso, digo aos pais que, para que suas ordens sejam respeitadas, eles devem usar da astúcia, desviar a criança de sua teimosia e evitar provas de força. Mas o que os pais precisam perceber antes de mais nada é que a criança espera que eles se dirijam a ela como gente grande.

Ágatha, Kevin e o doutor das tristezas

GOSTARIA AGORA DE FALAR DE KEVIN, um menino de oito anos, e mostrar como tento captar o essencial do sofrimento já no primeiro encontro para dar, desde então, uma direção ao tratamento. Kevin não consegue dormir. Quando de nosso primeiro encontro, pergunto se ele pensa em coisas tristes quando está deitado na cama sem conseguir dormir. Ele responde que não. Foi aí que, para minha grande surpresa, ele rompeu em lágrimas. Passo-lhe um lenço de papel e, depois de um curto silêncio, pergunto: "Por que você está chorando?". "Porque está me doendo aqui" (curiosamente, ele aponta a própria bochecha). "Mas o que aconteceu?" "Marc e Karim me bateram ontem no banheiro."

Pouco a pouco, descubro que Kevin, perseguido pelos "grandes", aterrorizado cada manhã diante da ideia de ir para a escola, é uma criança deprimida. Na verdade, a insônia que levou o pediatra a me indicar para Kevin é provocada pelo medo de enfrentar os malvados que o espancam na escola. A angústia de ir à escola, que já durava vários dias, acabou por deprimi-lo. Depois desse diálogo pungente e antes de chamar seus pais, dou minha opinião a Kevin com muito tato. Saibam que sempre prefiro dar minha opinião à criança antes mesmo de ouvir os pais exporem o motivo da consulta. E assim concluo a primeira parte da sessão dizendo: "Kevin, seu problema não é não conseguir dormir. O problema é o seu medo de apanhar desses meninos que não gostam de você; é por isso que está triste. Todo mundo tem medo de sentir dor, mas o seu medo é muito forte e o impede de dormir e de ir à escola no dia seguinte. E depois, sabe?, quando o medo é muito forte a gente acaba ficando triste e sem vontade de nada. Acho que, se isso continuar, é provável que você tenha que mudar de escola.

Vamos conversar sobre esse assunto com seus pais, mais tarde. A outra coisa que proponho, se você concordar, é que venha me ver até se sentir melhor".

E prossegui dizendo: "Agora vamos chamar seu pai e sua mãe para entrar e perguntar a eles: 'Meu senhor e minha senhora, por que vocês acham que Kevin está mal?' Veremos juntos, eu e você, o que seus pais vão responder...". Estabelece-se, assim, uma cumplicidade espontânea entre mim e a criança. Nós nos transformamos agora em aliados que esperam para ver o que o pai e a mãe vão dizer.

Vou, então, buscar os pais na sala de espera e faço conforme previsto. Sempre na presença de Kevin, pergunto sobre os motivos de sua iniciativa. Eles respondem que o problema do filho é a dificuldade, há três semanas, de pegar no sono. Acrescentam que sempre se preocuparam por ver que Kevin era muito tímido. Em sua fala não aparecem em nenhum momento as verdadeiras causas do sofrimento da criança, ou seja, o pavor de apanhar, a angústia de ir à escola e a autodesvalorização. No fim da entrevista, na presença de Kevin, transmito a eles o meu parecer e combinamos que vou atender o menino todas as quartas-feiras.

A análise de Kevin terminou positivamente, embora tenha sido mais longa do que eu havia imaginado. O diálogo com ele nem sempre foi fácil e tivemos que avançar devagar. O traço de caráter mais difícil de tratar foi sua timidez doentia, que datava da mais tenra infância e tinha uma relação evidente com a timidez de seu pai, um homem muito apagado. Depois de mudar de escola e conseguir fazer novos amigos, Kevin reencontrou enfim a sua vitalidade e sua despreocupação de criança.

Para encerrar, gostaria de falar de uma criança bem diferente do menininho ou da menininha que atendo em meu consultório. Essa outra criança é você, está em você e vai morrer com você. Estou convencido de que cada um de nós guarda no mais profundo de si mesmo, não importa os anos passados e o corpo que envelhece, um tesouro: o desejo de viver, de querer existir o mais possível. Pois bem, esse tesouro, esse amor à vida, assume o rosto sorridente de uma criança, da criança que fomos, que está em nós e nos impulsiona sem cessar para a frente.

Georges Bernanos cantou maravilhosamente a presença da criança no coração do adulto que somos. É com estas inesquecíveis palavras que quero concluir: "Sim", diz ele, "minha vida já está cheia de mortos. Porém o mais morto dos mortos é o menino que fui. E, no entanto, quando chegar a hora, ele retomará seu lugar à frente de minha vida, reunirá meus pobres anos até o último e, como um jovem chefe reunindo a tropa em desordem, entrará em primeiro lugar na Casa do Pai".

Deixo aqui as palavras do poeta dizendo comigo mesmo que, no instante de deixar a vida, voltaremos a ser crianças. No momento de fechar os olhos, seremos uma criança inocente que vai embora.

A louca obsessão de Francis Bacon por um quadro de Velázquez

Por acaso você visitou nos últimos tempos alguma exposição de pintura? Tenho certeza de que sim, de que assim como eu gosta de admirar os quadros dos grandes mestres. Pois eu sonhei justamente que íamos visitar juntos a exposição inédita de duas magníficas obras-primas da história da pintura. Proponho que façamos um jogo. Você desempenha o papel de visitante e eu, o do guia-psicanalista que relata a história desses dois quadros, ajudando você a penetrar na alma dos pintores.

Depois de atravessar os jardins que levam a nosso museu imaginário, entramos numa sala reservada, onde encontramos dois quadros pendurados na parede, um ao lado do outro. À esquerda, o *Retrato do papa Inocêncio X*, pintado por um grande mestre do século XVII, Diego Velázquez. Quem nos emprestou essa tela foi a Galleria Pamphilj, de Roma. Foi pintada por Velázquez no Vaticano, em 1650, diante de seu modelo, o Santo Padre sentado no trono pontifício. À direita, temos outro retrato, intitulado *Cabeça VI*, pintado por um grande mestre do século XX, Francis Bacon. Quem nos emprestou a tela foi a Hayward Gallery, de Londres. Foi pintada três séculos depois, em 1949, quando, folheando uma revista de arte, Bacon descobriu maravilhado a reprodução do *Retrato do papa* de Velázquez. A tela da esquerda, mais antiga, é, portanto, um quadro figurativo pintado segundo um modelo, enquanto a da direita, mais moderna, é um quadro imaginativo, pintado a partir de uma reprodução em cores da primeira. Contarei mais adiante a história dessas duas obras e da paixão que liga uma à outra. Mas antes de mais nada, vá até o fim do nosso livro e observe estes dois quadros como se os visse pela primeira vez. Tome seu tempo, concentre-se em cada retrato e deixe que sua beleza se impregne em você.

Agora, me viro para você, caro visitante, e digo: "Venha!". Sentemo-nos um instante nesse banco. Admiremos juntos essas duas obras magníficas! O que esses pintores fizeram para alcançar tamanha perfeição? Que trabalho! Que esforço! De onde tiraram a energia para criar obras tão magistrais? De onde vem essa força soberana que ilumina o olho, a cabeça, o coração e a mão de um artista para que consiga pintar na tela uma imagem tão poderosa? Freud, o pai da psicanálise, respondeu a essa questão dizendo que a força que leva um artista a criar nasce em seu corpo, sim, em todas as partes excitáveis do corpo que interferem no comportamento sexual ou agressivo. Foi assim que Freud inventou o termo "sublimação" para mostrar que a força do desejo sexual ou do desejo destrutivo pode ser utilizada para criar uma obra de arte. Está tudo aí. Para a psicanálise, a força de criação é um refinamento da força sexual ou agressiva. Mas atenção! É apenas uma parte da sexualidade ou da agressividade que é sublimada. Há sempre uma outra parte que não é sublimada e que permanece muito ativa. Os artistas, criadores que são, têm com frequência um desejo sexual e um desejo agressivo exacerbados. Isso é claro em Bacon. Quando pintava, ele se excitava sexualmente e à noite não conseguia evitar embriagar-se e sair para paquerar

A *louca obsessão de Francis Bacon por um quadro de Velázquez*   117

rapazes na rua, provocar brigas e muitas vezes acabar moído de pancadas. Como você pode ver, artistas eminentes podem ter comportamentos desregrados e no entanto manter intacta a sua potência criativa.

Eis, caro visitante, o que é a sublimação para Freud. Agora deixe-me falar brevemente sobre minha própria ideia de sublimação. Eu não me pergunto mais de onde vem a força da criação, mas como ela se transmite. Veremos que essa ideia de transmissão permite que se compreenda melhor a louca paixão de Bacon pelo *Papa* de Velázquez. Na sublimação tal como a compreendo, a ênfase está mais no espectador que no artista. O que acontece quando estamos sob o fascínio de uma obra de arte? Ficamos felizes. Felizes por sentir um prazer único: esquecer-se de si mesmo, nem que seja por um instante, o instante da beleza. É um momento de grande exaltação e sentimos crescer dentro de nós a vontade de agir e de criar, a mesma vontade que leva um artista a pintar, esculpir ou escrever. A sublimação é justamente a transmissão da vontade de criar do artista para o espectador. Se aplico a Velázquez e Bacon essa nossa ideia da transmissão, concluirei que Velázquez é o artista que, com seu retrato do papa, incita a criar, e Bacon é o espectador subjugado, arrastado pelo impulso de criar uma obra de arte.

CARO VISITANTE, vamos nos deter um pouco sobre o *Retrato do papa Inocêncio X*. Seu autor, Diego Velázquez, nasceu em Sevilha em 1599 e morreu em Madri em 1660, com 61 anos. Nessa primeira metade do século XVII, Luís XIV ainda era um menino, Spinoza era um jovem filósofo que lia Descartes, Molière era um brilhante dramaturgo que cruzava a França à frente de sua trupe de teatro itinerante. Naqueles anos, Velázquez era o pintor oficial do rei da Espanha, Felipe IV. Ele é considerado hoje um dos maiores coloristas de todos os tempos. Você pode admirar a maior parte de suas obras visitando o Museu do Prado, em Madri. Lá se encontram retratos e cenas de interior notáveis, como o célebre quadro *As meninas* (1656). Velázquez soube como nenhum outro retratista captar a energia que emana de seus modelos e nos dar a impressão de que seus personagens respiram, palpitam e até transpiram como se estivessem conosco.

Em que circunstância ele realizou o fascinante retrato do papa? Em 1649, o rei da Espanha pediu ao pintor que fosse à Itália para adquirir quadros e objetos antigos destinados à decoração do palácio Alcázar de Madri. Velázquez viajou em companhia de seu inseparável Juan de Pareja, escravizado mestiço que era seu assistente nos trabalhos de pintura. Depois de desembarcar no porto de Gênova, ele se demora em Veneza para comprar quadros de Ticiano, Veronese e Tintoretto, visita em seguida diversas cidades italianas, para chegar finalmente a Roma, onde residirá por dois anos. Será nesse período que o papa Inocêncio X o receberá no Vaticano e lhe pedirá que, no início do ano seguinte, pinte seu retrato. Dispondo desse tempo, Velázquez aproveitou para praticar e melhorar suas técnicas tomando seu escravizado como modelo. Quando o retrato de Juan de Pareja ficou pronto, o resultado foi tão radioso que o mestre resolveu expô-lo publicamente em Roma, numa celebração oficial. Graças a essa tela de uma verdade perturbadora, Velázquez tornou-se, durante sua estada na Itália, o retratista mais requisitado do país.

A louca obsessão de Francis Bacon por um quadro de Velázquez 119

Depois desse período de aperfeiçoamento técnico, o mestre está enfim pronto para realizar a tela que o soberano pontífice encomendara. Foi assim que ele produziu um dos mais prodigiosos retratos da história da pintura, óleo sobre tela de estilo barroco, terminado em agosto de 1650. Para pintar essa obra-prima, Velázquez inspirou-se em Ticiano, que, cem anos antes, realizara o retrato do papa Paulo III (1546). Ticiano, por sua vez, inspirou-se em Rafael, que, 28 anos antes dele, pintou o retrato de papa Leão X (1518). Eis mais uma confirmação da ideia que me anima: a história da arte é um encadeamento ininterrupto de inspirações. Rafael inspira Ticiano, que inspira Velázquez, que vai inspirar Bacon. Quando um artista cria uma obra, ele recria a obra que o inspirou. Criar é sempre recriar; é dar existência ao novo a partir do antigo, fazer nascer uma coisa que não existe a partir de alguma coisa já existente. Nesse exato momento em que lhe falo, leitor amigo, nós estamos criando, pois fazemos existir um diálogo que não existia, mas que surgiu de algo que já existia em nós. O novo é, portanto, uma superação do antigo sob uma forma inédita. E melhor ainda, uma superação de si, pois criar o novo é também criar-se a si mesmo. Quando criamos estendemos os limites do nosso eu.

Eis que ouço sua voz perguntando: "Se é verdade que qualquer um pode criar, como fica a criação de um grande artista? Que diferença você estabelece entre a criação realizada por um de nós, pessoas comuns, e a criação realizada por um pintor, um escritor ou um músico de talento?". Eu responderia que é próprio do artista sentir-se totalmente engajado no parto trabalhoso e doloroso de sua obra. Em suma, se todo homem cria espontaneamente, o artista sente que cria, sofre ao criar e experimenta a alegria de ter criado.

Mas voltemos ao quadro de Velázquez exposto atualmente em Roma. Se você for visitar a Cidade Eterna, não deixe de ir à Galleria Pamphilj, de se instalar diante desse quadro soberbo e se deixar deslumbrar por sua luz. É sabido que o Santo Padre, ao se deparar com o retrato, ficou tão admirado com a desconcertante semelhança que exclamou com gravidade: *"Troppo vero!"* — Verdadeiro demais! Como se repreendesse o pintor: "O senhor me desmascarou! Revelou meus sentimentos mais íntimos!". Inocêncio x ficou tão fortemente impressionado com o esplendor de seu retrato que gratificou o pintor com uma corrente de ouro, relíquia que Velázquez conservou até o túmulo.

AGORA, vamos detalhar o *Retrato do papa*. Procure uma reprodução em cores. Observe o rosto do soberano pontífice, de tez avermelhada e úmida de suor. Não passa a impressão de que esse homem é tenso e irritável? As sobrancelhas angulosas e os lábios desdenhosos lhe conferem um ar intimidante. O olhar oblíquo transmite desconfiança e nos mantém à distância. Mas a particularidade mais surpreendente desse retrato é a sinfonia de vermelhos dominando a metade superior da tela, contrastando com a sinfonia de brancos que domina a metade inferior. Conseguiu perceber esse contraste? Vamos nos aproximar agora dos vermelhos e observar em primeiro lugar o fundo de veludos bordô. Temos também o encosto do trono revestido com o mesmo veludo vermelho. E depois, surge o barrete papal em seda vermelha, mas sobretudo a curta capa de um vermelho luzidio drapeada sobre os ombros do papa. Peço que guarde na memória as dobras brilhantes do drapeado da capa, pois é a partir dessas ondulações de aspecto lubrificado que

A louca obsessão de Francis Bacon por um quadro de Velázquez 121

vou apresentar em breve minha hipótese sobre a origem da paixão frenética de Bacon por esse retrato. A metade inferior do quadro é dominada por uma saia rodada, de cor marfim, que desce da cintura e confere ao personagem curvas maternas que contrastam com a rigidez do busto. Essa é a nossa visão desse retrato assombroso. Mas o que importa aqui não é o nosso olhar, mas o de Bacon, a maneira como ele via o *Papa* de Velázquez com o olhar do inconsciente.

Certamente, Bacon, como todos nós, fascinou-se com o esplendor desse retrato incomparável. No entanto, ele ficou mais que fascinado, ficou obcecado pelo quadro. Tão obcecado que o chão de seu ateliê estava coberto de reproduções e de fotos do *Retrato do papa Inocêncio X*, cuja simples visão o incitava a pintar. Sim, diante desse retrato hipnótico, Bacon não consegue deixar de fazer o que sabe fazer, ou seja, pintar. Tendo o "seu Velázquez" impresso nos olhos, ele pega seus longos pincéis e espraia na tela as cores atormentadas de sua paleta. Levanta-se, afasta-se do cavalete, volta a aproximar-se, a sentar-se e examina as novas formas que jorraram de seus pincéis. Mas, é bom deixar claro, Bacon não tenta copiar o quadro de Velázquez. Não, o que ele deseja é se deixar levar, se submeter ao poder hipnótico do retrato, fazer o que o retrato lhe ordena. É assim que ele pinta e repinta compulsivamente incontáveis papas, todos inspirados no quadro fetiche de Velázquez — 45 papas em vinte anos!

Mas ainda não contei o mais surpreendente: Bacon nunca quis ver o quadro original! Mesmo estando em Roma, ele nunca quis ir à Galleria, tamanho era seu medo de sofrer com o confronto "entre esse quadro perfeito e as coisas estúpidas que pintei". De fato, Bacon considerava que todos os papas que pintou eram lamentáveis fracassos. Eu gostaria que você ouvisse a resposta do nosso pintor a um crítico de arte, Franck Maubert, que lhe perguntou, em 1982, dois anos depois da série de papas, qual era o motivo de tamanha fixação pelo quadro de Velázquez. Irritado, Bacon exclamou: "Ah, os papas, os papas! Todos os meus papas, eu hoje os considero ridículos! Lamento tê-los pintado". E concluiu: "Esse *Papa* de Velázquez me obcecou por muito tempo, mas não cheguei a nada. A nada!". Bacon tem razão, ele não chegou a nada se seu objetivo era igualar Velázquez, mas atingiu o ápice da arte se pensarmos na recepção que os maiores museus do mundo reservaram à sua série de papas.

Ora, entre os inúmeros papas, escolhi a variante *Cabeça VI* como a obra mais representativa do conjunto. Comentarei esse quadro depois de lembrar brevemente como foi a vida de seu autor. Francis Bacon nasceu em 1909, em Dublin, na Irlanda, de pais ingleses. Ele sempre se sentiu inglês. Morreu em Madri, em 1992, com 82 anos. É um pintor apreciado por suas deformações violentas do rosto e do corpo humano, assim como pela agrura das cores de sua paleta — essencialmente o vermelho, o laranja, o amarelo e o violeta. Ele exalta a carne e pinta mundos fechados, sufocantes, dos quais não se pode fugir.

Devo mencionar um acontecimento importante da história do nosso pintor. Aos dezesseis anos, seu pai o surpreendeu olhando-se no espelho, travestido de mulher, usando as roupas íntimas de sua mãe. Pai e filho discutem duramente. A cena é brutal e Francis reivindica sua homossexualidade. Ele é expulso de casa e, assim, o adolescente começa sua vida em Londres fora da família. Inscreve-se num curso de desenho para enganar a solidão e sobrevive prostituindo-se com homens da

A louca obsessão de Francis Bacon por um quadro de Velázquez   123

idade do pai. Depois de algum tempo, o jovem Bacon vai para Paris, onde visita várias exposições, inclusive uma de Picasso, exposição mágica que o convence a dedicar sua vida à pintura. De volta a Londres, seu amante na época, um rico protetor, o instala num ateliê no campo, onde ele produz muitos quadros. Porém, aos 35 anos, decepcionado com o resultado de seu trabalho, ele destrói todos eles com exceção do tríptico que, para sua grande surpresa, vai torná-lo célebre: *Três estudos de figuras ao pé de uma crucificação.*

Agora, vamos ver juntos *Cabeça VI*. Vê-se um personagem pontifício gritando, fechado num cubo de vidro, sentado na mesma postura e usando a mesma capa e o mesmo colarinho branco que o *Papa* de Velázquez. À primeira vista, temos a impressão de que a boca escancarada é de um ser que grita sua dor. No entanto, sabendo que Bacon sofria desde a infância de crises de asma muito penosas, interpretei o quadro diversamente. Para que você possa me compreender, peço que focalize o olhar no negror que preenche o fundo da boca e, em vez de imaginar que um grito sai da garganta, imagine, ao contrário, que o ar entra na garganta. Penso que Bacon pintou essa boca que aspira sem saber que pintava sua própria boca sufocada de asmático. É por isso que penso comigo que a boca desse papa não é uma boca que grita, mas uma boca desesperada por ar. E, se deixarmos nossa imaginação inflamar-se mais ainda, sentimos que o pouco de ar comprimido na caixa de vidro penetra violentamente na garganta, sobe à cabeça e faz explodir o crânio. Que deflagração! E agora, se comparo essa boca asmática do papa de *Cabeça VI* com a boca contraída de Inocêncio x na outra tela, percebo de imediato que Bacon transformou o papa crispado e intimidante de Velázquez num papa sufocado e aterrador, cuja cabeça explodiu.

ACABEI DE APRESENTAR-LHE a *Cabeça VI*, pintada por Bacon quando estava enfeitiçado pelo *Papa* de Velázquez, mas preciso ir mais longe. A questão que me coloquei como psicanalista e com a qual gostaria de concluir este capítulo é a seguinte: o que nesse *Retrato do papa* excita Bacon tão vigorosamente que ele começa a pintar de maneira compulsiva a série dos papas? Num primeiro momento, pensei que a perfeição do retrato de Velázquez era o que fascinava Bacon. Sem excluir essa ideia, gostaria de propor uma outra explicação, nascida de minha empatia com o inconsciente do nosso pintor.

Eu soube que Bacon adorava os quartos de carne recém-talhados e sobretudo a cor rosa salmonado da carne viva. Vamos ouvi-lo: "As imagens de abatedouros e da carne sempre me tocaram muito. Para mim, a cor da carne é de uma grande beleza". Sabemos que Francis Bacon não foi o único pintor a introduzir a carne em seus quadros. Penso em Chaïm Soutine, Rembrandt e Chardin, que se deleitaram pintando a carne fresca e o sangue. Mas Bacon não aborda a carne da mesma maneira que eles. Quando ele pinta a carne, pinta a si mesmo. Pintar um quarto de carne é executar seu autorretrato. "Nós somos carne, somos carcaças potenciais", dizia ele. E acrescentava: "Quando entro no açougue, espanto-me por não estar lá, esfolado, pendurado nos ganchos no lugar do animal". Decididamente, Bacon cultua a carne a ponto de ver-se a si mesmo e a seus personagens retalhados vivos. Ele percebe os outros tal como ele mesmo se sente, cortado em carne viva.

A louca obsessão de Francis Bacon por um quadro de Velázquez 125

Foi assim que entrei em empatia com Francis Bacon e comecei a imaginar que, diante do *Retrato do papa Inocêncio X*, nosso pintor alucinou a presença da carne no personagem do papa. Acabei de dizer que entrei em empatia, mas o que isso significa? Na verdade, procedi como procedo com meus analisandos. Depois de me informar sobre a vida de meu paciente, imagino a emoção que ele deve sentir num momento de dor e depois tento senti-la, eu mesmo. É assim que vivo o que ele vive. Com Bacon, segui a mesma abordagem empática. Informei-me sobre todos os detalhes de sua vida íntima graças sobretudo às muitas entrevistas, nas quais ele se mostra sem restrições, e pude me familiarizar com todos os seus quadros. Conhecendo sua vida e sua obra, mergulho então no interior de nosso artista e tento ver o que veem os seus olhos de pintor e até sentir o que sente o seu corpo de homossexual. Como se fosse ele diante do *Retrato do papa*, me concentro e vibro como suponho que Bacon vibrava cada vez que olhava aquela imagem. O que vejo, então? Pois bem, eu, Francis Bacon, sinto-me fascinado pela capa papal de cetim vermelho e por suas ondulações luzidias. A bem dizer, a capa, mais que vermelha, tem a cor rosa salmonado da carne crua. Estranhamente, não é uma capa que meu olho alucinado de artista vê sobre os ombros do papa, mas um quarto de carne que ele carrega nas costas como um açougueiro.

Eis o que imaginei, eu, psicanalista, ao me introduzir na pele do pintor. Quando essa visão desmedida se impôs a mim, achei que era absurda. No entanto, insisti, deixando-me guiar pela intuição, pois queria captar o que Bacon percebia, sem se dar conta, quando olhava esse Velázquez. Influenciado pelo que meus pacientes homossexuais me disseram sobre seu gozo, me identifiquei com o artista e o homossexual que Bacon foi. Eis como meus olhos assimilaram o cetim lustroso da capa à viscosidade de uma mucosa lubrificada. Apropriando--me do olhar de Bacon e sentindo sua excitação, eu já não via uma capa nem um quarto de carne, mas a glande lubrificada de um pênis ereto, embora a forma de uma glande não apareça nitidamente na tela. A glande não é visível, mas é sugerida pelo brilho excitante da capa. O quadro inteiro é sensual e lascivo! Eis a minha ideia. Diante do *Retrato do papa*, Bacon está hipnotizado e excitado pela imagem da carne úmida de um sexo inchado de desejo. Talvez se trate de seu próprio pênis ereto, daquele de um de seus amantes, ou ainda, do pênis de... seu pai. Sim, de seu pai, se pensarmos no que ele disse a David Sylvester (*Entretiens*, Flammarion, 2013) sobre a atração sexual pelo próprio pai: "É verdade, eu não amava meu pai. Não o amava, mas quando era jovem me sentia sexualmente atraído por ele. Da primeira vez em que senti atração, eu mal sabia que era sexual. Foi mais tarde, quando tive minhas aventuras com cavalariços mais maduros, que percebi o quanto minha atração por meu pai era sexual".

Retomemos o fio da meada. Pois bem, assimilei o brilho rosa salmonado da capa à viscosidade da glande de um pênis túrgido, mas precisava ampliar minha interpretação e considerar que as dobras luzidias da capa usada pelo papa ou mesmo a umidade de seu rosto sanguíneo podem evocar também, aos olhos inconscientes de nosso pintor, qualquer mucosa úmida, seja ela bucal, anal ou vaginal. Estou convencido de que bastava uma imagem rosa alaranjado de aspecto brilhante para que Bacon pensasse na carne viva e tratasse logo de pintá-la. É essa carne fresca, essa mucosa lubrificada que ele desejava reproduzir em sua tela. "Amo o brilho e a cor dos lábios. Sempre desejei ser capaz de pintar a boca como Monet pintava um pôr do sol", confia ele a seu entrevistador.

Devo concluir. Quis mostrar que Bacon não tinha simplesmente se inspirado no *Retrato do papa Inocêncio X*, de Velázquez: ele ficou alucinado a ponto de tornar-se dependente como de uma droga. A droga para Bacon não era apenas a perfeição desse *Retrato*, diante do qual ele se extasiava. Não. Sua droga era sobretudo a sensualidade de um quadro que o excitava, que lhe dava vontade de pintar, de não parar de pintar, de pintar sempre.

Uma última palavra, a você que me lê, para lhe agradecer, pois ao escrever este capítulo dirigido a você aprendi a conhecer o homem Bacon por dentro e a amá-lo. Sim, amá-lo. Quando se conhece um ser por dentro, simpatizamos inevitavelmente com ele, seja anjo ou demônio, porque descobrimos a criança inocente que foi um dia.

Agradecimentos

Agradeço antes de tudo a meus pacientes, que são a fonte viva destas páginas, e aos numerosos ouvintes que, pela intensidade de sua escuta, habitaram minha voz e hoje habitam esta obra.

Este livro nasceu no dia em que recebi um telefonema inesperado; "Dr. Nasio? Sou a secretária da nova diretora da rádio France Inter; ela gostaria de encontrar-se com o senhor". Foi assim que começou uma maravilhosa aventura. Tive a alegria de conhecer Adèle Van Reeth, que propôs que eu contasse na rádio, todo domingo às três da tarde, uma história de sofrimento ou de amor vivida por um de meus antigos pacientes, com a intenção de mostrar como o inconsciente rege as nossas vidas. Sua confiança tocou-me profundamente e expresso aqui minha gratidão de amigo. Foi, portanto, com prazer que aceitei o desafio de transmitir a um público de não iniciados aquilo que meus pacientes me ensinaram sobre a dor e o prazer, o medo, a tristeza, a culpa ou o ódio. Neste ensejo, prolongo com você, leitor ou leitora, o diálogo íntimo que mantive com meus ouvintes.

Na France Inter, agradeço à equipe de Adèle Van Reeth, particularmente Ann-Julie Bémont, responsável pelas edições escritas e sonoras da Radio France. Ela sempre acreditou na força dessas dez histórias que falam dos que sofrem, que falam de você e falam de mim. Penso também em Audrey Ripoull, Yann Chouquet, Éric Lainé e Antoine Blin.

Nas Éditions Gallimard, gostaria de agradecer em especial a Karina Hocine, que gostou de imediato deste livro e me recebeu calorosamente entre seus autores. Meu reconhecimento ainda a Charlotte van Essen pelo cuidado dispensado à edição francesa.

Caro leitor, cara leitora, receberei com prazer todos os comentários que a leitura deste livro lhes inspirar.

J.-D. N.

nasio@orange.fr

Coleção Transmissão da Psicanálise

Não Há Relação Sexual
Alain Badiou e Barbara Cassin

Fundamentos da Psicanálise
de Freud a Lacan (4 volumes)
Marco Antonio Coutinho Jorge

Histeria e Sexualidade

Transexualidade
Marco Antonio Coutinho Jorge;
Natália Pereira Travassos

Por Amor a Freud
Hilda Doolittle

A Criança do Espelho
Françoise Dolto e J.-D. Nasio

O Pai e Sua Função em Psicanálise
Joël Dor

Introdução Clínica a Freud

Introdução Clínica à Psicanálise
Lacaniana

O Sujeito Lacaniano
Bruce Fink

A Psicanálise de Crianças
e o Lugar dos Pais
Alba Flesler

A Vocação do Exílio
Betty Fuks

A Psicanálise e o Religioso
Philippe Julien

Alguma Vez é Só Sexo?

Gozo

O Que é Loucura?

Simplesmente Bipolar
Darian Leader

Freud e a Descoberta
do Inconsciente
Octave Mannoni

5 Lições sobre a
Teoria de Jacques Lacan

9 Lições sobre Arte e Psicanálise

Como Agir com um
Adolescente Difícil?

Como Trabalha um Psicanalista?

A Depressão é a Perda
de uma Ilusão

Dez Lições de Vida, Sofrimento
e Amor

A Dor de Amar

A Dor Física

A Fantasia

Os Grandes Casos de Psicose

A Histeria

Introdução à Topologia de Lacan

Introdução às Obras de Freud,
Ferenczi, Groddeck, Klein,
Winnicott, Dolto, Lacan

Lições sobre os 7 Conceitos
Cruciais da Psicanálise

O Livro da Dor e do Amor

O Olhar em Psicanálise

Os Olhos de Laura

Por Que Repetimos os Mesmos Erros?

O Prazer de Ler Freud

Psicossomática

O Silêncio na Psicanálise

Sim, a Psicanálise Cura!
J.-D. Nasio

Guimarães Rosa e a Psicanálise
Tania Rivera

A Análise e o Arquivo

Dicionário Amoroso da Psicanálise

Em Defesa da Psicanálise

O Eu Soberano

Freud — Mas Por Que Tanto Ódio?

Lacan, a Despeito de Tudo e de Todos

O Paciente, o Terapeuta e o Estado

A Parte Obscura de Nós Mesmos

Retorno à Questão Judaica

Sigmund Freud na sua Época
e em Nosso Tempo
Elisabeth Roudinesco

O Inconsciente a Céu Aberto
da Psicose
Colette Soler

ESTA OBRA FOI COMPOSTA POR MARI TABOADA EM DANTE PRO E
IMPRESSA EM OFSETE PELA GRÁFICA PAYM SOBRE PAPEL PÓLEN BOLD
DA SUZANO S.A. PARA A EDITORA SCHWARCZ EM FEVEREIRO DE 2025

A marca FSC® é a garantia de que a madeira utilizada na fabricação do papel deste livro provém de florestas que foram gerenciadas de maneira ambientalmente correta, socialmente justa e economicamente viável, além de outras fontes de origem controlada.